Marcel Mauss

Essai sur le don
Forme et raison de l'échange
dans les sociétés archaïques

Table des matières

DEUXIÈME PARTIE   **ESSAI SUR LE DON. FORME ET RAISON DE L'ÉCHANGE DANS LES SOCIÉTÉS ARCHAÏQUES**

INTRODUCTION. - Du don, et en particulier de l'obligation à rendre les présents

CHAPITRE I   Les dons échangés et l'obligation de les rendre (Polynésie)

    I   Prestation totale, biens utérins contre biens masculins (Samoa)
    II   L'esprit de la chose donnée (Maori)
    III Autres thèmes: l'obligation de donner, l'obligation de recevoir
    IV   Le présent fait aux hommes et le présent fait aux dieux

CHAPITRE II   Extension de ce système (libéralité, honneur, monnaie)

    I   Règles de la générosité. Andamans (N. B.)
    II   Principes, raisons et intensité des échanges de dons (Mélanésie)
    III Nord-Ouest américain

CHAPITRE III   Survivances de ces principes dans les droits anciens et les économies anciennes

    I   Droit personnel et droit réel
    II   Droit hindou classique
    III Droit germanique
    Droit celtique
    Droit chinois

CHAPITRE IV   Conclusion

    I   Conclusions de morale
    II   Conclusions de sociologie économique et d'économie politique
    III Conclusion de sociologie générale et de morale

DEUXIÈME PARTIE

ESSAI SUR LE DON

FORME ET RAISON DE L'ÉCHANGE DANS LES SOCIÉTÉS ARCHAÏQUES

INTRODUCTION

DU DON, ET EN PARTICULIER
DE L'OBLIGATION
A RENDRE LES PRÉSENTS

Épigraphe

-

Voici quelques strophes de l'Havamál, l'un des vieux poèmes de l'Edda scandinave [1]. Elles peuvent servir d'épigraphe à ce travail, tant elles mettent directement le lecteur dans l'atmosphère d'idées et de faits où va se mouvoir notre démonstration [2].

39   Je n'ai jamais trouvé d'homme si généreux
     et si large à nourrir ses hôtes
     que « recevoir ne fût pas reçu »,
     ni d'homme si... (l'adjectif manque)
     de son bien
     que recevoir en retour lui fût désagréable [3].

---

[1]   C'est M. Cassel qui nous a mis sur la voie de ce texte, *Theory* or *Social Economy, vol. II, p. 345*. Les savants scandinaves sont familiers avec ce trait de leur antiquité nationale.

[2]   M. Maurice Cahen a bien voulu faire pour nous cette traduction.

[3]   La strophe est obscure, surtout parce que l'adjectif manque au vers 4, mais le sens est clair quand on supplée, comme on fait d'ordinaire, un mot qui veut dire libéral, dépensier. Le vers *3* est lui aussi difficile. M. Cassel traduit : « qui ne prenne pas ce qu'on lui offre ». La traduction de M. Cahen au contraire est littérale. « L'expression est ambiguë, nous écrit-il, les uns comprennent : « que recevoir ne lui fût pas agréable ». les autres interprètent : « que recevoir un cadeau ne comportât pas l'obligation de le rendre ». Je penche naturellement pour la seconde explication. » Malgré notre incompétence en vieux norrois, nous nous permettons une autre interprétation. L'expression correspond évidemment à un vieux centon qui devait être quelque chose comme « recevoir est reçu ». Ceci admis, le vers ferait allusion à cet état d'esprit dans lequel sont le visiteur et le visité. Chacun est supposé offrir son hospitalité ou ses présents comme s'ils devaient ne jamais lui être rendus. Cependant chacun accepte tout de même !es présents du visiteur ou les contre-prestations de l'hôte, parce qu'ils sont des biens et aussi un moyen de fortifier le contrat, dont ils sont partie intégrante.

41   Avec des armes et des vêtements
       les amis doivent se faire plaisir;
       chacun le sait de par lui-même (par ses propres expériences)
       Ceux qui se rendent mutuellement les cadeaux
       sont le plus longtemps amis,
       si les choses réussissent à prendre bonne tournure.

112   On doit être un ami
       pour son ami
       et rendre cadeau pour cadeau
       on doit avoir
       rire pour rire
       et dol pour mensonge.

44   Tu le sais, si tu as un ami
       en qui tu as confiance
       et si tu veux obtenir un bon résultat,
       il faut mêler ton âme à la sienne
       et échanger les cadeaux
       et lui rendre souvent visite.

lit,   Mais si tu en as un autre
       de qui tu te défies
       et si tu veux arriver à un bon résultat,
       il faut lui dire de belles paroles
       mais avoir des pensées fausses
       et rendre dol pour mensonge.

46   Il en est ainsi de celui
       en qui tu n'as pas confiance
       et dont tu suspectes les sentiments,
       il faut lui sourire
       mais parler contre cœur
       les cadeaux rendus doivent être semblables aux cadeaux reçus.

48   Les hommes généreux et valeureux
       ont la meilleure vie ;

Il nous semble même que l'on peut démêler dans ces strophes une partie plus ancienne. La structure de toutes est la même, curieuse et claire. Dans chacune un centon juridique forme centre : « que recevoir ne soit pas reçu » (39), « ceux qui se rendent les cadeaux sont amis » (41), « rendre cadeaux pour cadeaux » (42), « il faut mêler ton âme à la sienne et échanger les cadeaux » (44), « l'avare a toujours peur des cadeaux » (48), « un cadeau donné attend toujours un cadeau en retour » (145), etc. C'est une véritable collection de dictons. Ce proverbe ou règle est entouré d'un commentaire qui le développe. Nous avons donc affaire ici non seulement à une très ancienne forme de droit, mais même à une très ancienne forme de littérature.

ils n'ont point de crainte.
Mais un poltron a peur de tout;
l'avare a toujours peur des cadeaux.

M. Cahen nous signale aussi la strophe 145:

145   Il vaut mieux ne pas prier (demander)
      que de sacrifier trop (aux dieux):
      Un cadeau donné attend toujours un cadeau en retour.
      Il vaut mieux ne pas apporter d'offrande
      que d'en dépenser trop.

Programme

On voit le sujet. Dans la civilisation scandinave et dans bon nombre d'autres, les échanges et les contrats se font sous la forme de cadeaux, en théorie volontaires, en réalité obligatoirement faits et rendus.

Ce travail est un fragment d'études plus vastes. Depuis des années, notre attention se porte à la fois sur le régime du droit contractuel et sur le système des prestations économiques entre les diverses sections ou sous-groupes dont se composent les sociétés dites primitives et aussi celles que nous pourrions dire archaïques. Il y a là tout un énorme ensemble de faits. Et ils sont eux-mêmes très complexes. Tout s'y mêle, tout ce qui constitue la vie proprement sociale des sociétés qui ont précédé les nôtres - jusqu'à celles de la proto-histoire. - Dans ces phénomènes sociaux « totaux », comme nous proposons de les appeler, s'expriment à la fois et d'un coup toutes sortes d'institutions : religieuses, juridiques et morales - et celles-ci politiques et familiales en même temps ; économiques - et celles-ci supposent des formes particulières de la production et de la consommation, ou plutôt de la prestation et de la distribution ; sans compter les phénomènes esthétiques auxquels aboutissent ces faits et les phénomènes morphologiques que manifestent ces institutions.

De tous ces thèmes très complexes et de cette multiplicité de choses sociales en mouvement, nous voulons ici ne considérer qu'un des traits, profond mais isolé : le caractère volontaire, pour ainsi dire, apparemment libre et gratuit, et cependant contraint et intéressé de ces prestations. Elles ont revêtu presque toujours la forme du présent, du cadeau offert généreusement même quand, dans ce geste qui accompagne la transaction, il n'y a que fiction, formalisme et mensonge social, et quand il y a, au fond, obligation et intérêt économique. Même, quoique nous indiquerons avec précision tous les divers principes qui ont donné cet aspect à une forme nécessaire de l'échange - c'est-à-dire, de la division du travail social elle-même - de tous ces principes, nous n'en étudions à fond qu'un. *Quelle est la règle de droit et d'intérêt qui, dans les sociétés de type arriéré ou archaïque, fait que le présent reçu est obligatoirement rendu ? Quelle force y a-t-il dans la chose qu'on donne qui fait que le donataire la rend ? Voilà* le problème auquel nous nous attachons plus spécialement tout en indiquant les autres. Nous espérons donner, par un assez grand nombre de faits, une réponse à cette question précise et montrer dans quelle direction on peut engager toute une étude des questions connexes. On verra aussi à quels problèmes nouveaux nous sommes amenés : les uns concernant une forme permanente de la morale contractuelle, à savoir : la façon dont le droit réel reste encore de nos jours attaché au droit personnel ; les autres concernant les formes et les idées qui ont toujours présidé, au moins en partie, à l'échange et qui, encore maintenant, suppléent en partie la notion d'intérêt individuel.

Ainsi, nous atteindrons un double but. D'une part, nous arriverons à des conclusions en quelque sorte archéologiques sur la nature des transactions humaines dans les sociétés qui nous entourent ou nous ont immédiatement précédés. Nous décrirons les phénomènes d'échange et de contrat dans ces sociétés qui sont non pas privées de marchés économiques comme on l'a prétendu, - car le marché est un phénomène humain qui selon nous n'est étranger à aucune société connue, - mais dont le régime d'échange est différent du nôtre. On y verra le marché avant l'institution des marchands et avant leur principale invention, la monnaie proprement dite ; comment il fonctionnait avant qu'eussent été trouvées les formes, on peut dire-modernes (sémitique, hellénique, hellénistique et romaine) du contrat et de la vente d'une part, la monnaie titrée d'autre part. Nous verrons la morale et l'économie qui agissent dans ces transactions.

Et comme nous constaterons que cette morale et cette économie fonctionnent encore dans nos sociétés de façon constante et pour ainsi dire sous-jacente, comme nous croyons avoir ici trouvé un des rocs humains sur lesquels sont bâties nos sociétés, nous pourrons en déduire quelques conclusions morales sur quelques problèmes que posent la crise de notre droit et la crise de notre économie et nous nous arrêterons là. Cette page d'histoire sociale, de sociologie théorique, de conclusions de morale, de pratique politique et économique, ne nous mène, au fond, qu'à poser une fois de plus, sous de nouvelles formes, de vieilles mais toujours nouvelles questions [1].

Méthode suivie

Nous avons suivi une méthode de comparaison précise. D'abord, comme toujours, nous n'avons étudié notre sujet que dans des aires déterminées et choisies : Polynésie, Mélanésie, Nord-Ouest américain, et quelques grands droits. Ensuite, naturellement, nous n'avons choisi que des droits où, grâce aux documents et au travail philologique, nous avions accès à la conscience des sociétés elles-mêmes, car il s'agit ici de termes et de notions ; ceci restreignait encore le champ de nos comparaisons. Enfin chaque étude a porté sur des systèmes que nous nous sommes astreint à décrire, chacun à la suite, dans son intégrité ; nous avons donc renoncé à cette comparaison constante où tout se mêle et où les institutions perdent toute couleur locale, et les documents leur saveur [2].

Prestation. Don et potlatch

---

[1] Je n'ai pas pu consulter BURCKHARD, *Zum Begriff der Schenkung,* p. 53 sq.
Mais pour le droit anglo-saxon, le fait que nous allons mettre en lumière a été fort bien senti par POLLOCK and MAITLAND, *History of English Law*, tome II, p. 82 : « The wide word gift, which will cover sale, exchange, gage and lease. » Cf. *ibid., p.* 12; *ibid., pp.* 212-214 : « Il n'y a pas de don gratuit qui tienne force de loi. »
Voir aussi toute la dissertation de Neubecker, à propos de la dot germanique, *Die Mitgift,* 1909, p. 65 sq.

[2] Les notes et tout ce qui n'est pas en gros caractères ne sont indispensables qu'aux spécialistes.

Le présent travail fait partie de la série de recherches que nous poursuivons depuis longtemps, M. Davy et moi, sur les formes archaïques du contrat [1]. Un résumé de celles-ci est nécessaire.

Il ne semble pas qu'il ait jamais existé, ni jusqu'à une époque assez rapprochée de nous, ni dans les sociétés qu'on confond fort mal sous le nom de primitives ou inférieures, rien qui ressemblât à ce qu'on appelle l'Économie naturelle [2]. Par une étrange mais classique aberration, on choisissait même pour donner le type de cette économie les textes de Cook concernant l'échange et le troc chez les Polynésiens [3]. Or, ce sont ces mêmes Polynésiens que nous allons étudier ici et dont on verra combien ils sont éloignés, en matière de droit et d'économie, de l'état de nature.

Dans les économies et dans les droits qui ont précédé les nôtres, on ne constate pour ainsi dire jamais de simples échanges de biens, de richesses et de produits au cours d'un marché passé entre les individus. D'abord, ce ne sont pas des individus, ce sont des collectivités qui s'obligent mutuellement, échangent et contractent [4] les personnes présentes au contrat sont des personnes morales clans, tribus, familles, qui s'affrontent et s'opposent soit en groupes se faisant face sur le terrain même, soit par l'intermédiaire de leurs chefs, soit de

---

[1] Davy, Foi jurée *(Travaux de l'Année Sociologique,* 1922) ; voir indications bibliographiques dans MAUSS, Une forme archaïque de contrat chez les Thraces, *Revue des Études grecques, 1921 ; R.* LENOIR, L'Institution du Potlatch, *Revue Philosophique, 1924.*

[2] M. F. Somlo, *Der Güterverkehr in der Urgesellschaft* (Institut Solvay, 1909), a donné de ces faits une bonne discussion et un aperçu où, p. 156, il commence à entrer dans la voie où nous allons nous engager nous-même.

[3] GRIERSON, *Silent Trade,* 1903, a déjà donné les arguments nécessaires pour en finir avec ce préjugé. De même von Moszkowski, Vom *Wirtschaftsleben der primitiven Völker,* 1911 ; mais il considère le vol comme primitif et confond en somme le droit de prendre avec le vol. On trouvera un bon exposé des faits Maori dans W. von BRUN, *Wirtschafts organisation der Maori (Beitr.* Dr LAMPRECHT, 18), Leipzig, 1912, où un chapitre est consacré à l'échange. Le plus récent travail d'ensemble sur l'économie des peuples dits primitifs est : KOPPERS, Ethnologische Wirtschaftsordung, *Anthropos,* 1915-1916, pp. 611 à 651, pp. 971 à 1079 ; surtout bon pour l'exposé des doctrines ; un peu dialectique pour le reste.

[4] Depuis nos dernières publications, nous avons constaté, en Australie, un début de prestation réglée entre tribus, et non plus seulement entre clans et phratries, en particulier à l'occasion de mort. Chez les Kakadu, du territoire nord, il y a une troisième cérémonie funéraire après le deuxième enterrement. Pendant cette cérémonie les hommes procèdent à une sorte d'enquête judiciaire pour déterminer au moins fictivement qui a été l'auteur de la mort par envoûtement. Mais contrairement à ce qui suit dans la plupart des tribus australiennes, aucune vendetta n'est exercée. Les hommes se contentent de rassembler leurs lances et de définir ce qu'ils demanderont en échange. Le lendemain, ces lances sont emportées dans une autre tribu, les Umoriu par exemple, au camp desquels on comprend parfaitement le but de cet envoi. Là les lances sont disposées par paquets suivant leurs propriétaires. Et suivant un tarif connu à l'avance, les objets désirés sont mis en face de ces paquets. Puis tous sont ramenés aux Kakadu (BALDWIN Spencer, *Tribes of the Northern Territory,* 1914, p. 247). Sir Baldwin mentionne que ces objets pourront être de nouveau échangés contre des lances, fait que nous ne comprenons pas très bien. Au contraire, il trouve difficile de comprendre 19 connexion entre ces funérailles et ces échanges et il ajoute que « les natifs n'en ont pas idée ». L'usage est pourtant parfaitement compréhensible : c'est en quelque sorte une composition juridique régulière, remplaçant la vendetta, et servant d'origine à un marché intertribal. Cet échange de choses est en même temps échange de gages de paix et de solidarité dans le deuil, comme cela a lieu d'ordinaire, en Australie, entre clans de familles associées et alliées par mariage. La seule différence est que cette fois l'usage est devenu intertribal.

ces deux façons à la fois [1]. De plus, ce qu'ils échangent, ce n'est pas exclusivement des biens et des richesses, des meubles et des immeubles, des choses utiles économiquement. Ce sont avant tout des politesses, des festins, des rites, des services militaires, des femmes, des enfants, des danses, des fêtes, des foires dont le marché n'est qu'un des moments et où la circulation des richesses n'est qu'un des termes d'un contrat beaucoup plus général et beaucoup plus permanent. Enfin, ces prestations et contre-prestations s'engagent sous une forme plutôt volontaire, par des présents, des cadeaux, bien qu'elles soient au fond rigoureusement obligatoires, à peine de guerre privée ou publique. Nous avons proposé d'appeler tout ceci le *système des prestations totales*. Le type le plus pur de ces institutions nous parait être représenté par l'alliance des deux phratries dans les tribus australiennes ou nord-américaines en général, où les rites, les mariages, la succession aux biens, les liens de droit et d'intérêt, rangs militaires et sacerdotaux, tout est complémentaire et suppose la collaboration des deux moitiés de la tribu. Par exemple, les jeux sont tout particulièrement régis par elles [2]. Les Tlinkit et les Haïda, deux tribus du nord-ouest américain expriment fortement la nature de ces pratiques en disant que « les deux phratries se montrent respect [3] ».

Mais, dans ces deux dernières tribus du nord-ouest américain et dans toute cette région apparaît une forme typique certes, mais évoluée et relativement rare, de ces prestations totales. Nous avons proposé de l'appeler pollatch, comme font d'ailleurs les auteurs américains se servant du nom chinook devenu partie du langage courant des Blancs et des Indiens de Vancouver à l'Alaska. « Potlatch » veut dire essentiellement « nourrir », « consommer » [4]. Ces tribus, fort riches, qui vivent dans les îles ou sur la côte ou entre les Rocheuses et la côte, passent leur hiver dans une perpétuelle fête : banquets, foires et marchés, qui sont en même temps l'assemblée solennelle de la tribu. Celle-ci y est rangée suivant ses confréries hiérarchiques, ses sociétés secrètes, souvent confondues avec les premières et avec les clans ; et tout, clans, mariages, initiations, séances de shamanisme et du culte des grands dieux, des totems ou des ancêtres collectifs ou individuels du clan, tout se mêle en un inextricable lacis

---

[1] Même un poète aussi tardif que Pindare dit : [...], *Olympique, VIII, 4.* Tout le passage se ressent encore de l'état de droit que nous allons décrire. Les thèmes du présent, de la richesse, du mariage, de l'honneur, de la faveur, de l'alliance, du repas en commun et de la boisson dédiée, même celui de la jalousie qu'excite le mariage, tous y sont représentées par des mots expressifs et dignes de commentaires.

[2] V. en particulier les remarquables règles du jeu de balle chez les Omaha : Alice FLETCHER et LA FLESCHE, Omaha Tribe, *Annuel Report of the Bureau of American Anthropology, 1905-1906, XXVII, p. 197 et 366.*

[3] KRAUSE, *Tlinkit Indianer*, p. 234 et suiv., a bien vu ce caractère des fêtes et rites et contrats qu'il décrit, sans leur donner le nom de potlatch. BOURSIN, in PORTER, Report on the Population, etc., of Alaska, in *Eleventh Ceusus (1900), pp. 54-66* et PORTER, *ibid., p. 33,* ont bien vu ce caractère de glorification réciproque du potlatch, cette fois nommé. Mais c'est M. SWANTON qui l'a le mieux marqué : Social Conditions, etc., of the Tlingit Indians, *Ann. Rep. of the Bureau of Amer. Ethn., 1905, XXVI, p. 345,* etc. Cf. nos observations, *Ann. Soc.,* tome XI, p. 207 et Davy, *Foi jurée, p. 172.*

[4] Sur le sens du mot potlatch, V. BARBEAU, Bulletin de la Société de Géographie de Québec, 1911 ; DAVY, p 162. Cependant il ne nous parait pas que le sens proposé soit originaire. En effet BOAS indique pour le mot potlatch. en Kwakiutl il est vrai et non pis en Chinook, le sens de *Feeder*, nourrisseur, et littéralement « place *of* being satiated », place où on se rassasie. Kwakiutl Texts, Second Series, *Jesup Expedit., vol. X, p. 43,* no 2; cf. *ibid., vol.* III, p. 255, *p. 517,* s. v. POL. Mais les deux sens de potlatch : don et aliment ne sont pas exclusifs, la forme essentielle de la prestation étant ici alimentaire, en théorie du moins. Sur ces sens v. plus loin, *p. 154* et suiv.

de rites, de prestations juridiques et économiques, de fixations de rangs politiques dans la société des hommes, dans la tribu et dans les confédérations de tribus et même internationalement [1]. Mais ce qui est remarquable dans ces tribus, c'est le principe de la rivalité et de l'antagonisme qui domine toutes ces pratiques. On y va jusqu'à la bataille, jusqu'à la mise à mort des chefs et nobles qui s'affrontent ainsi. On y va d'autre part jusqu'à la destruction purement somptuaire [2] des richesses accumulées pour éclipser le chef rival en même temps qu'associé (d'ordinaire grand-père, beau-père ou gendre). Il y a prestation totale en ce sens que c'est bien tout le clan qui contracte pour tous, pour tout ce qu'il possède et pour tout ce qu'il fait, par l'intermédiaire de son chef [3]. Mais cette prestation revêt de la part du chef une allure agonistique très marquée. Elle est essentiellement usuraire et somptuaire et l'on assiste avant tout à une lutte des nobles pour assurer entre eux une hiérarchie dont ultérieurement profite leur clan.

Nous proposons de réserver le nom de *potlatch* à ce genre d'institution que l'on pourrait, avec moins de danger et plus de précision, mais aussi plus longuement, appeler : prestations *totales de type agonistique.*

Jusqu'ici nous n'avions guère trouvé d'exemples de cette institution que dans les tribus du nord-ouest américain et dans celles d'une partie du nord américain [4], en Mélanésie et en Papouasie [5]. Partout ailleurs, en Afrique, en Polynésie et en Malaisie, en Amérique du Sud, dans le reste de l'Amérique du Nord, le fondement des échanges entre les clans et les familles, nous semblait rester du type plus élémentaire de la prestation totale. Cependant, des recherches plus approfondies font apparaître maintenant un nombre assez considérable de formes intermédiaires entre ces échanges à rivalité exaspérée, à destruction de richesses comme ceux du nord-ouest américain et de Mélanésie, et d'autres, à émulation plus modérée où les contractants rivalisent de cadeaux : ainsi nous rivalisons dans nos étrennes, nos festins, nos noces, dans nos simples invitations et nous nous sentons encore obligés à nous

---

[1]   Le côté juridique du potlach est celui qu'ont étudié M. ADAM, dans ses articles de la Zeilschr. *f.* vergleich. *Rechlswissenchaft, 1911* et suiv. et *Festschrift à* Seler, 1920, et M. DAVY dans sa Foi jurée. Le côté religieux et l'économique ne sont pas moins essentiels et doivent. être traités non moins à fond. La nature religieuse des personnes impliquées et des choses échangées ou détruites ne sont en effet pas indifférentes à la nature même des contrats, pas plus que les valeurs qui leur sont affectées.

[2]   Les Haïda disent « tuer » la richesse.

[3]   V. les documents de Hunt dans BOAS, Ethnology of the Kwakiutl, XXXVth Annual Rep. *of* the Bureau *of* American *Ethn., tome* II, p. 1340, où on trouvera une intéressante description de la façon dont le clan apporte ses contributions au chef pour le potlatch, et de très intéressants palabres. Le chef dit en particulier : a Car ce ne sera pas en mon nom. Ce sera en votre nom et vous deviendrez fameux parmi les tribus quand on dira que vous donnez votre propriété pour un potlatch » (p. 1342, I. 31 et suiv.).

[4]   Le domaine du potlatch dépasse en effet les limites des tribus du Nord-Ouest. En particulier il faut, considérer l' « asking Festival » des Eskimos de l'Alaska comme autre chose que comme un emprunt aux tribus indiennes voisines : v. plus loin p. 164, no 3.

[5]   V. nos observations dans *Ann. Soc.,* tome XI, p. 101 et tome XII, pp. 372-374 et *Anthropologie, 1920 (C. R.* des séances de l'institut français d'Anthropologie). M. LENOIR 9 signalé deux faits assez nets de potlatch en Amérique du Sud (Expéditions maritimes en Mélanésie in *Anthropologie,* sept. 1924).

revanchieren [1], comme disent les Allemands. Nous avons constaté de ces formes intermédiaires dans le monde indo-européen antique, en particulier chez les Thraces [2].

Divers thèmes - règles et idées - sont contenus dans ce type de droit et d'économie. Le plus important, parmi ces mécanismes spirituels, est évidemment celui qui oblige à rendre le présent reçu. Or, nulle part la raison morale et religieuse de cette contrainte n'est plus apparente qu'en Polynésie. Étudions-la particulièrement, nous verrons clairement quelle force pousse à rendre une chose reçue, et en général à exécuter les contrats réels.

---

[1]   M. Thurnwald, *Forschungen auf den Salomo Inseln*, 1912, tome III, p. 8, emploie le mot.
[2]   Rev. des Et. grecques, tome XXXIV, 1921.

CHAPITRE I

LES   DONS ÉCHANGÉS
ET L'OBLIGATION DE LES RENDRE
(POLYNÉSIE)

I

PRESTATION TOTALE,
BIENS UTÉRINS
CONTRE BIENS MASCULINS (SAMOA)

Dans ces recherches sur l'extension du système des dons contractuels, il a semblé longtemps qu'il n'y avait pas de potlatch proprement dit en Polynésie. Les sociétés polynésiennes où les institutions s'en rapprochaient le plus ne semblaient pas dépasser le système des « prestations totales », des contrats perpétuels entre clans mettant en commun leurs femmes, leurs hommes, leurs enfants, leurs rites, etc. Les faits que nous avons étudiés alors, en particulier à Samoa, le remarquable usage des échanges de nattes blasonnées entre chefs lors du mariage, ne nous paraissaient pas au-dessus de ce niveau [1]. L'élément de rivalité, celui de destruction, de combat, paraissaient manquer, tandis qu'il ne manque pas en Mélanésie. Enfin il y avait trop peu de faits. Nous serions moins critique maintenant.

D'abord ce système de cadeaux contractuels à Samoa s'étend bien au-delà du mariage ; ils accompagnent les événements suivants : naissance d'enfant [2], circoncision [3], maladie [1],

---

[1]   Davy, *Foi jurée, p. 140*, a étudié ces échanges à propos du mariage et de ses rapports avec le contrat. On va voir qu'ils ont une autre extension.

[2]   TURNER, Nineteen years in Polynesia, p. 178; Samoa, p. 82 sq.; STAIR, Old Samoa, p. 175.

[3]   Krämer, Samoa Inseln, tome II, pp. 52-63.

puberté de la fille [2], rites funéraires [3], commerce [4]. Ensuite deux éléments essentiels du potlatch proprement dit sont nettement attestés : celui de l'honneur, du prestige, du « mana » que confère la richesse [5], et celui de l'obligation absolue de rendre ces dons sous peine de perdre ce « mana », cette autorité, ce talisman et cette source de richesse qu'est l'autorité elle-même [6].

D'une part, Turner nous le dit : « Après les fêtes de la naissance, après avoir reçu et rendu les *oloa* et les *tonga* - autrement dit les biens masculins et les biens féminins - le mari et la femme n'en sortaient pas plus riches qu'avant. Mais ils avaient la satisfaction d'avoir vu ce qu'ils considéraient comme un grand honneur : des masses de propriétés rassemblées à l'occasion de la naissance de leur fils [7]. » D'autre part, ces dons peuvent être obligatoires, permanents, sans autre contre-prestation que l'état de droit qui les entraîne. Ainsi, l'enfant, que la sœur, et par conséquent le beau-frère, oncle utérin, reçoivent pour l'élever de leur frère et beau-frère, est lui-même appelé un *tonga,* un bien utérin [8]. Or, il est « le canal par lequel les biens de nature indigène [9], les *tonga,* continuent à couler de la famille de l'enfant vers cette famille. D'autre part, l'enfant est le moyen pour ses parents d'obtenir des biens de nature étrangère *(oloa)* des parents qui l'ont adopté, et cela tout le temps que l'enfant vit ». « ... Ce

---

[1] STAIR, Old Samoa, p. 180; TURNER, Nineteen gears, p. 225; Samoa, p. 142.

[2] Turner, Nineteen years, p. 184 ; Samoa, p. 91.

[3] KRAMER, Samoa Inseln, tome 11, p. 105; TURNER, Samoa, p. 146.

[4] Krämer, *Samoa Inseln,* tome II, *p. 96* et *p. 363.* L'expédition commerciale, le « malaga » (cf. « walaga », Nouvelle-Guinée), est en effet tout près du potlatch qui, lui, est caractéristique des expéditions dans l'archipel mélanésien voisin. Krämer emploie le mot de « Gegengeschenk », pour l'échange des « oloa » contre les « tonga - dont nous allons parler. Au surplus, s'il ne faut pas tomber dans les exagérations des ethnographes anglais de l'école de Rivers et de M. Elliot Smith, ni dans celles des ethnographes américains qui, à la suite de M. Boas, voient dans tout le système du potlatch américain une série d'emprunts, il faut cependant faire au voyage des institutions Une large part ; spécialement dans ce cas, où un commerce considérable, d'île en île, de port en port, à des distances très grandes, depuis des temps très reculés, a dû véhiculer non seulement les choses, mais aussi les façons de les échanger. M. Malinowski, dans les travaux que nous citons plus loin, a eu le juste sentiment de ce fait. V. une étude sur quelques-unes de ces institutions (Mélanésie Nord-Ouest) dans R. LENOIR, Expéditions maritimes en Mélanésie, *Anthropologie,* septembre *1924.*

[5] L'émulation entre clans maori est en tout cas mentionnée assez souvent, en particulier à propos des fêtes, ex. S. P. SMITH, *Journal of the Polynesian Society* (dorénavant cité *J.P.S.),* *XV, p. 87, v. plus* loin *p. 59,* no *4.*

[6] La raison pour laquelle nous ne disons pas qu'il y a, dans ce cas, potlatch proprement dit, c'est que le caractère usuraire de la contre-prestation manque. Cependant, comme nous le verrons en droit maori, le fait de ne pas rendre entraîne la perte du « mana à, de la « face à comme disent les Chinois ; et, à Samoa, il faut, sous la même peine, donner et rendre.

[7] TURNER, *Nineteen years, p. 178 ; Samoa, p. 52.* Ce thème de la ruine et de l'honneur est fondamental dans le potlatch nord-ouest américain, V. ex. in PORTER, *11th Census, p. 34.*

[8] TURNER, *Nineteen years, p. 178 ; Samoa, p. 83,* appelle le jeune homme « adopté ». Il se trompe. L'usage est exactement celui du a fosterage », de l'éducation donnée hors de la famille natale, avec cette précision que ce « fosterage » est une sorte de retour à la famille utérine, puisque l'enfant est élevé dans la famille de la sueur de son père, en réalité chez son oncle utérin, époux de celle-ci. Il ne faut pas oublier qu'en Polynésie nous sommes en pays de double parenté classificatoire : utérine et masculine, v. notre C. B. du travail d'Elsdon BEST, Maori Nomenclature, Ann. Soc., tome VII, p. 420 et les observations de Durkheim, Ann. Soc., tome V, p. 37.

[9] Turner, *Nineteen years,* p. 179 ; Samoa, p. 83.

sacrifice [des liens naturels crée une] facilité systématique de trafic entre propriétés indigènes et étrangères. » En somme, l'enfant, bien utérin, est le moyen par lequel les biens de la famille utérine s'échangent contre ceux de la famille masculine. Et il suffit de constater que, vivant chez son oncle utérin, il a évidemment un droit d'y vivre, et par conséquent un droit général sur ses propriétés, pour que ce système de « fosterage » apparaisse comme fort voisin du droit général reconnu au neveu utérin sur les propriétés de son oncle en pays mélanésien [1]. Il ne manque que le thème de la rivalité, du combat, de la destruction, pour qu'il y ait potlatch.

Mais remarquons les deux termes : *oloa, tonga ; ou* plutôt retenons le deuxième. Ils désignent l'un des parapharnalia permanents, en particulier les nattes de mariage [2], dont héritent les filles issues du dit mariage, les décorations, les talismans, qui entrent par la femme dans la famille nouvellement fondée, à charge de retour [3] ; ce sont en somme des sortes d'immeubles par destination. Les *oloa* [4] désignent en somme des objets, instruments pour la plupart, qui sont spécifiquement ceux du mari ; ce sont essentiellement des meubles. Aussi applique-t-on ce terme maintenant aux choses provenant des blancs [5]. C'est évidemment une extension récente de sens. Et nous pouvons négliger cette traduction de Turner : *« Oloa-foreign » ; « tonga-native »*. Elle est inexacte et insuffisante sinon sans intérêt, car elle prouve que certaines propriétés appelées *tonga* sont plus attachées au sol [6], au clan, à la famille et à la personne que certaines autres appelées *oloa*.

Mais si nous étendons notre champ d'observation, la notion de *tonga* prend tout de suite une autre ampleur. Elle connote en maori, en tahitien, en tongan et mangarevan, tout ce qui est propriété proprement dite, tout ce qui fait riche, puissant, influent, tout ce qui peut être échangé, objet de compensation [7]. Ce sont exclusivement les trésors, les talismans, les blasons, les nattes et idoles sacrées, quelquefois même les traditions, cultes et rituels magi-

---

[1]   V. nos observations sur le vasu fijien, in Procès-verbal de l'I.F.A., in Anthropologie, 1921.

[2]   KRAMER, Samoa Inseln, s. v. toga, tome I, p. 482 ; tome II, p. 90.

[3]   *Ibid.,* tome II, p. 296; cf. p. 90 (toga = Mitgift) ; p. 94, échange des oloa contre toqa.

[4]   *Ibid.,* tome I, p. 477. VIOLETTE, Dictionnaire Samoan-Français, s. v. « toga » dit fort bien : « richesses du pays consistant en nattes fines et oloa, richesses telles que maisons, embarcations, étoffes, fusils » (p. 194, col. 2) ; et il renvoie à oa, richesses, biens, qui comprend tous les articles étrangers.

[5]   Turner, *Nineteen y*ears, p. 179, cf. p. 186. TREGEAR (au mot toga, s. v. taonga), Maori Comparative *Dictionary, p.* 468, confond les propriétés qui portent ce nom et celles qui portent le nom d'oloa. C'est évidemment une négligence.

Le Rev. *ELLA,* Polynesian native clothing, J.P.S., tome IX, p. 165, décrit ainsi les le tonga (nattes) : « Ils étaient la richesse principale des indigènes; on s'en servait autrefois comme d'un moyen monétaire dans les échanges de propriété, dans les mariages et dans des occasions de spéciale courtoisie. On les garde souvent dans les familles comme « h*eirloms » (biens* substitués), et bien des vieux « ie » *sont* connus et plus hautement appréciés comme ayant appartenu à quelque famille célèbre », etc. Cf. TURNER, *Samoa,* p. 120. - Toutes ces expressions ont leur équivalent en Mélanésie, en Amérique du Nord, dans notre folklore, comme on va le voir.

[6]   Krämer, *Samoa Inseln,* tome II, pp. 90, 93.

[7]   V. TREGEAR, *Maori Comparative Dictionary,* ad verb. *taonga : (Tahi*tien), *tataoa,* donner de la propriété, *faataoa,* compenser, donner de la propriété ; (Marquises) Lesson, *Polynésiens,* tome II, p. 232, *taetae; cf.* a tire les présents » tiau *tae-tae,* présents donnés, « cadeaux, biens de leur pays donnés pour obtenir des biens étrangers » ; RADIGUET, *Derniers Sauvages,* p. 157. La racine du mot est *tahu,* etc.

ques. Ici nous rejoignons cette notion de propriété-talisman dont nous sommes sûr qu'elle est générale dans tout le monde malayo-polynésien et même pacifique entier [1].

II

L'ESPRIT DE LA CHOSE DONNÉE
(MAORI)

Or, cette observation nous mène à une constatation fort importante. Les *taonga* sont, au moins dans la théorie du droit et de la religion maori, fortement attachés à la personne, au clan, au sol ; ils sont le véhicule de son « mana », de sa force magique, religieuse et spirituelle. Dans un proverbe, heureusement recueilli par sir G. Grey [2], et C. O. Davis [3], ils sont priés de détruire l'individu qui les a acceptés. C'est donc qu'ils contiennent en eux cette force, aux cas où le droit, surtout l'obligation de rendre, ne serait pas observée.

Notre regretté ami Hertz avait entrevu l'importance de ces faits ; avec son touchant désintéressement, il avait noté « pour Davy et Mauss » sur la fiche contenant le fait suivant. Colenso dit [4] : « Ils avaient une sorte de système d'échange, ou plutôt de donner des cadeaux qui doivent être ultérieurement échangés ou rendus. » Par exemple, on échange du poisson sec contre des oiseaux confits, des nattes [5]. Tout ceci est échangé entre tribus ou « familles amies sans aucune sorte de stipulation ».

Mais Hertz avait encore noté - et je retrouve dans ses fiches - un texte dont l'importance nous avait échappé à tous deux, car je le connaissais également.

A propos du *hau,* de l'esprit des choses et en particulier de celui de la forêt, et des gibiers qu'elle contient, Tamati Ranaipiri, l'un des meilleurs informateurs maori de R. Elsdon Best, nous donne tout à fait par hasard, et sans aucune prévention la clef du problème [6]. « Je vais vous parler du *hau...* Le *hau* n'est pas le vent qui souffle. Pas du tout. Supposez que vous possédez un article déterminé *(taonga)* et que vous me donnez cet article ; vous me le donnez

---

[1]   V. MAUSS, Origines de la notion de Monnaie, *Anthropologie,* 1914 (Procès-verbaux de l'I.F.A.), où presque tous les faits cités, hors les faits ni tiens et américains appartiennent à ce domaine.

[2]   *Proverbs, p.* 103 (trad. p. 103).

[3]   Maori Mementoes, p. 21.

[4]   In Transactions of New-Zealand Institute, tome I, p. 354.

[5]   Les tribus de Nouvelle-Zélande sont théoriquement divisées, par la tradition maori elle-même, en pêcheurs, agriculteurs et chasseurs et sont censées échanger constamment leurs produits, cf. Elsdon BEST, *Forest-Lore, Transact. N.-Z. Inst., vol.* XLII, p. 435.

[6]   *Ibid., p.* 431 texte maori, trad., p. 439.

sans prix fixé [1]. Nous ne faisons pas de marché à ce propos. Or, je donne cet article à une troisième personne qui, après qu'un certain temps s'est écoulé, décide de rendre quelque chose en paiement (utu) [2], il me fait présent de quelque chose *(taonga)*. Or, ce *taonga* qu'il me donne est l'esprit *(hau)* du *taonga* que j'ai reçu de vous et que je lui ai donné à lui. Les *taonga* que j'ai reçus pour ces *taonga* (venus de vous) il faut que je vous les rende. Il ne serait pas juste *(tika)* de ma part de garder ces *taonga* pour moi, qu'ils soient désirables *(rawe)*, ou désagréables *(kino)*. Je dois vous les donner car ils sont un *hau* [3] du *taonga* que vous m'avez donné. Si je conservais ce deuxième *taonga* pour moi, il pourrait m'en venir du mal, sérieusement, même la mort. Tel est le *hau*, le *hau* de la propriété personnelle, le *hau* des *taonga*, le *hau* de la forêt. *Kali ena*. (Assez sur ce sujet.) »

Ce texte capital mérite quelques commentaires. Purement maori, imprégné de cet esprit théologique et juridique encore imprécis, les doctrines de la « maison des secrets », mais étonnamment clair par moments, il n'offre qu'une obscurité : l'intervention d'une tierce personne. Mais pour bien comprendre le juriste maori, il suffit de dire : « Les *taonga* et toutes propriétés rigoureusement dites personnelles ont un *hau*, un pouvoir spirituel. Vous m'en donnez un, je le donne à un tiers ; celui-ci m'en rend un autre, parce qu'il est poussé par le *hau* de mon cadeau ; et moi je suis obligé de vous donner cette chose, parce qu'il faut que je vous rende ce qui est en réalité le produit du *hau* de votre *taonga*. »

Interprétée ainsi, non seulement l'idée devient claire, mais elle apparaît comme une des idées maîtresses du droit maori. Ce qui, dans le cadeau reçu, échangé, oblige, c'est que la chose reçue n'est pas inerte. Même abandonnée par le donateur, elle est encore quelque chose de lui. Par elle, il a prise sur le bénéficiaire, comme par elle, propriétaire, il a prise sur le voleur [4]. Car le *taonga* est animé du *hau* de sa forêt, de son terroir, de son sol ; il est vraiment « native » [5] : le *hau* poursuit tout détenteur.

---

[1] Le mot *hau* désigne, comme le latin *spiritus*, *à* la fois le vent et l'âme, plus précisément, au moins dans certains cas, l'âme et le pouvoir des choses inanimées et végétales, le mot de *mana* étant réservé aux hommes et aux esprits et s'appliquant aux choses moins souvent qu'en mélanésien.

[2] Le mot *utu* se dit de la satisfaction des vengeurs du sang, des compensations, des repaiements, de la responsabilité, etc. Il désigne aussi le prix. C'est une notion complexe de morale, de droit, de religion et d'économie.

[3] *He hau*. Toute la traduction de ces deux phrases est écourtée par M. Elsdon Best, je la suis pourtant.

[4] Un grand nombre de faits démonstratifs avaient été rassemblés sur ce dernier point par R. HERTZ, pour un des paragraphes de son travail sur le *Péché et l'Expiation*. *Ils* prouvent que la sanction du vol est le simple effet magique et religieux du *mana*, du pouvoir que le propriétaire garde sur la chose volée; et que, de plus, celle-ci, entourée des tabous et marquée des marques de propriété, est toute chargée par ceux-ci de *hau*, de pouvoir spirituel. C'est ce *hau* qui venge le volé, qui s'empare du voleur, l'enchante, le mène à la mort ou le contraint à restitution. On trouvera ces faits dans la livre de Hertz que nous publierons, aux paragraphes qui seront consacrés au *hau*.

[5] On trouvera dans le travail de B. Hertz les documents sur les *mauri* auxquels nous faisons allusion ici. Ces *mauri* sont à la fois des talismans, des palladiums et des sanctuaires où réside l'âme du clan, *hapu*, son *mana* et le *hau* de son sol.
Les documents de M. Elsdon Best sur ce point ont besoin de commentaire et de discussion, en particulier ceux qui concernent les remarquables expressions de *hau whitia* et de *kai hau*. Les passages principaux sont Spiritual Concepts, *Journal of the Polynesian Society*, tome X, p. 10 (texte maori) et tome IX, p. 198. Nous ne pouvons les traiter comme il conviendrait : mais voici notre interprétation *: « hau whitia*, averted *hau* »,

Il poursuit non seulement le premier donataire, même éventuellement un tiers, mais tout individu auquel le *taonga* est simplement transmis [1]. Au fond, c'est le *hau* qui veut revenir au lieu de sa naissance, au sanctuaire de la forêt et du clan et au propriétaire. C'est le *taonga ou* son *hau - qui* d'ailleurs est lui-même une sorte d'individu [2] - qui s'attache à cette série d'usagers jusqu'à ce que ceux-ci rendent de leurs propres, de leurs *taonga*, de leurs propriétés ou bien de leur travail ou de leur commerce par leurs festins, fêtes et présents, un équivalent ou une valeur supérieure qui, à leur tour, donneront aux donateurs autorité et pouvoir sur le premier donateur devenu dernier donataire. Et voilà l'idée maîtresse qui semble présider à Samoa et en Nouvelle-Zélande, à la circulation obligatoire des richesses, tributs et dons.

Un pareil fait éclaire deux systèmes importants de phénomènes sociaux en Polynésie et même hors de Polynésie. D'abord, on saisit la nature du lien juridique que crée la transmission d'une chose. Nous reviendrons tout à l'heure sur ce point. Nous montrerons comment ces faits peuvent contribuer à une théorie générale de l'obligation. Mais, pour le moment, il est net qu'en droit maori, le lien de droit, lien par les choses, est un lien d'âmes, car la chose elle-même a une âme, est de l'âme. D'où il suit que présenter quelque chose à quelqu'un c'est présenter quelque chose de soi. Ensuite, on se rend mieux compte ainsi de la nature même de l'échange par dons, de tout ce que nous appelons prestations totales, et, parmi celles-ci, « potlatch ». On comprend clairement et logiquement, dans ce système d'idées, qu'il faille rendre à autrui ce qui est en réalité parcelle de sa nature et substance ; car, accepter quelque chose de quelqu'un, c'est accepter quelque chose de son essence spirituelle, de son âme ; la conservation de cette chose serait dangereuse et mortelle et cela non pas simplement parce qu'elle serait illicite, mais aussi parce que cette chose qui vient de la personne, non seulement

---

dit M. Elsdon Best, et sa traduction semble exacte. Car le péché de vol ou celui de non-paiement ou de non-contre-prestation est bien un détournement d'âme, de *hau* comme dans les cas (que l'on confond avec le vol) de refus de faire un marché ou de faire un cadeau : au contraire kai *hau* est mal traduit quand on le considère comme l'équivalent simple de *han whitia*. Il désigne bien en effet l'acte de manger l'âme et est tien le synonyme de *whanga hau, cf.* TREGEAR, *maori Comp. Dict.*, s. v. kai et *whangai;* mais cette équivalence n'est pas simple. Car le présent type, c'est celui de nourriture, *kai*, et le mot fait allusion à ce système de la communion alimentaire, de la faute qui consiste à y rester en débet. Il y a plus : le mot de *hau* lui-même rentre ans cette sphère d'idées : WILLIAMS, *Maori Dict., p. 23, s. v.* dit : « h*au*, présent rendu en forme de reconnaissance pour un présent reçu ».

[1]   Nous attirons aussi l'attention sur la remarquable expression *kai-hau-kai*, TREGEAR, *M.C.D., p. 116 :* « *rendre* un présent de nourriture offert par une tribu à une autre; fête (île du Sud) ». Elle signifie que ce présent et cette fête rendus sont en réalité l'âme de la première prestation qui revient à son point de départ : « nourriture qui est le *hau* de la nourriture ». Dans ces institutions et ces idées se confondent toutes sortes de principes que nos vocabulaires européens mettent au contraire le plus grand soin à distinguer.

[2]   En effet les *taonga* semblent être doués d'individualité, même en dehors du *hau* que leur confère leur relation avec leur propriétaire. Ils portent des noms. D'après la meilleure énumération (celle que TREGEAR, loc. *cit, p. 360, s. v. pounamu,* extrait des mss. de Colenso) ils ne comprennent, limitativement, que les catégories suivantes : les *pounamu,* les fameux jades, propriété sacrée des chefs et des clans, d'ordinaire les *tiki si* rares, si individuels, et si bien sculptés ; puis diverses sortes de nattes dont l'une, blasonnée sans doute comme à Samoa, porte le nom de *korowai* (c'est le seul mot maori qui nous rappelle le mot samoan *oloa,* dont nous avons vainement cherché l'équivalent maori).

Un document maori donne le nom de *taonga* aux *Karakia,* formules magiques individuellement intitulées et considérées comme talismans personnels transmissibles : Jour. Pot. Soc., tome IX, p. 126 (trad., p. 133).

moralement, mais physiquement et spirituellement, cette essence, cette nourriture [1], ces biens, meubles ou immeubles, ces femmes ou ces descendants, ces rites ou ces communions, donnent prise magique et religieuse sur vous. Enfin, cette chose donnée n'est pas chose inerte. Animée, souvent individualisée, elle tend à rentrer à ce que Hertz appelait son « foyer d'origine » ou à produire, pour le clan et le sol dont elle est issue, un équivalent qui la remplace.

---

[1]   Elsdon BEST, Forest Lore, ibid., p. 449.

III

AUTRES THÈMES :
L'OBLIGATION DE DONNER
L'OBLIGATION DE RECEVOIR

Il reste pour comprendre complètement l'institution de la prestation totale et du potlatch, à chercher l'explication des deux autres moments qui sont complémentaires de celui-là ; car la prestation totale n'emporte pas seulement l'obligation de rendre les cadeaux reçus ; mais elle en suppose deux autres aussi importantes : obligation d'en faire, d'une part, obligation d'en recevoir, de l'autre. La théorie complète de ces trois obligations, de ces trois thèmes du même complexus, donnerait l'explication fondamentale satisfaisante de cette forme du contrat entre clans polynésiens. Pour le moment, nous ne pouvons qu'indiquer la façon de traiter le sujet.

On trouvera aisément un grand nombre de faits concernant l'obligation de recevoir. Car un clan, une maisonnée, une compagnie, un hôte, ne sont pas libres de ne pas demander l'hospitalité [1], de ne pas recevoir de cadeaux, de ne pas commercer [2], de ne pas contracter alliance, par les femmes et par le sang. Les Dayaks ont même développé tout un système de droit et de morale, sur le devoir que l'on a de ne pas manquer de partager le repas auquel on assiste ou que l'on a vu préparer. [3]

---

[1]   Ici se placerait l'étude du système de faits que les Maori classent sous le mot expressif de a mépris de *Tahu* ». Le document principal se trouve dans Elsdon BEST, Maori Mythology, ln *Jour. Pol. Soc.*, tome IX, p. 113. *Tahu* est le nom « emblématique » de la nourriture en général, c'pst sa personnification. L'expression « *Kouo e tokahi ia Tahu* » « *ne* méprise pas Tahu Y s'emploie vis-à-vis d'une personne qui a refusé de la nourriture qui lui a été présentée. Mais l'étude de ces croyances concernant la nourriture en pays maori nous entraînerait bien loin. Qu'il nous suffise de dire que ce dieu, cette hypostase de la nourriture, est identique à Rongo, dieu des plantes et de la paix, et l'on comprendra mieux ces associations d'idées : hospitalité, nourriture, communion, paix, échange, droit.

[2]   V. Elsdon BEST, Spir. Conc., *J. Pol. Soc.*, tome IX, p. 198.

[3]   V. Hardeland, *Dayak Wörterbuch s. v. indjok, irek, pahuni*, tome 1, *p. 190, p. 397 a*. L'étude comparative de ces institutions peut être étendue à toute J'aire de la civilisation malaise. indonésienne et polynésienne. La seule difficulté consiste à reconnaître l'institution. Un exemple : c'est sous le nom de « commerce forcé » que Spencer Saint-John décrit la façon dont, dans l'État de Brunei (Bornéo), les nobles prélevaient tribut sur les Bisayas en commençant par leur faire cadeau de tissus payés ensuite à un taux usuraire et pendant nombre d'années *(Life* in *the forests of the far East*, tome II, p. 42). L'erreur provient déjà des Malais civilisés eux-mêmes qui exploitaient une coutume de leurs frères moins civilisés qu'eux et ne les comprenaient plus. Nous n'énumérerons pas tous les faits indonésiens de ce genre (v. plus loin C. R. du travail de M. KRUYT, *Koopen in Midden Celebes)*.

L'obligation de donner est non moins importante ; son étude pourrait faire comprendre comment les hommes sont devenus échangistes. Nous ne pouvons qu'indiquer quelques faits. Refuser de donner [1], négliger d'inviter, comme refuser de prendre [2], équivaut à déclarer la guerre ; c'est refuser l'alliance et la communion [3]. Ensuite, on donne parce qu'on y est forcé, parce que le donataire a une sorte de droit de propriété sur tout ce qui appartient au donateur [4]. Cette propriété s'exprime et se conçoit comme un lien spirituel. Ainsi, en Australie, le gendre, qui doit tous les produits de sa chasse à son beau-père et à sa belle-mère, ne peut rien consommer devant eux, de peur que leur seule respiration n'empoisonne ce qu'il mange [5]. On a vu plus haut les droits de ce genre qu'a le taonga neveu utérin à Samoa, et qui sont tout à fait comparables à ceux qu'a le neveu utérin (vasu) à Fiji [6].

En tout ceci, il y a une série de droits et de devoirs de consommer et de rendre, correspondant à des droits et des devoirs de présenter et de recevoir. Mais ce mélange étroit de droits et de devoirs symétriques et contraires cesse de paraître contradictoire si l'on conçoit

---

[1]   Négliger d'inviter à une danse de guerre est un péché, une faute qui, dans l'île, du Sud, porte le nom de *puha*. H. *tome* DE CROISILLES, Short Traditions of the South Island, J.P.S., tome X, p. 76 (à noter : tahua, *gift of food*).

Le rituel d'hospitalité maori comprend : une invitation obligatoire, que l'arrivant ne doit pas refuser, mais qu'il ne doit pas solliciter non plus ; il doit se diriger vers la maison de réception (différente suivant les castes), sans regarder autour de lui son hôte doit lui faire préparer un repas, exprès, et y assister, humblement au départ, l'étranger reçoit un cadeau de viatique (TREGEAR, *Maori Race, p.* 29), v. plus loin les rites *identiques* de l'hospitalité hindoue.

[2]   En réalité, les deux règles se mêlent indissolublement, comme les prestations antithétiques et symétriques qu'elles prescrivent. Un proverbe exprime ce mélange : TAYLOR *(Te ika a maui, p.* 132, proverbe no 60) le traduit de façon approximative : « W*hen raw it is seen, when cooked, it is taken.* » « *Il* vaut mieux manger une nourriture à demi cuite (que d'attendre que les étrangers soient arrivés), qu'elle soit cuite et d'avoir à la partager avec eux. »

[3]   Le chef Hekemaru (faute de Maru), selon la légende, refusait d'accepter « la nourriture » sauf quand il avait été vu et reçu par le village étranger. Si son cortège était passé inaperçu et si on lui envoyait des messagers pour le prier, lui et sa suite, de revenir sur ses pas et de partager la nourriture, il répondait que « la nourriture ne suivrait pas son dos ». Il voulait dire par là que la nourriture offerte au « dos sacré de sa tête » (c'est-à-dire quand il avait déjà dépassé les environs du village) serait dangereuse pour ceux qui la lui donneraient. De là le proverbe : « La nourriture ne suivra pas le dos de Hekemaru » (TREGEAR, *Maori Race, p. 79).*

[4]   Dans la tribu de Turhoe, on commenta à M. Elsdon BEST (Maori Mythology, J.P.S., tome VIII, p. 113) ces principes de mythologie et de droit. « Quand un chef de renom doit visiter un pays, « son *mana* le précède ». Les gens du district se mettent à chasser et à pêcher pour avoir de bonne nourriture. Ils ne prennent rien; « c'est que notre mana parti en avant » a rendu tous les animaux, tous les poissons invisibles; « notre mana les a bannis etc. » (Suit une explication de la gelée et de la neige, du *Whai riri* (péché contre l'eau) qui retient la nourriture loin des hommes.) En réalité, ce commentaire un peu obscur décrit l'état dans lequel serait le territoire d'un *hapu* de chasseurs dont les membres n'auraient pas fait le nécessaire pour recevoir un chef d'un autre clan. Ils auraient commis un « *kaipapa,* une faute contre la nourriture *à,* et détruit ainsi leurs récoltes et gibiers et pêches, leurs nourritures à eux.

[5]   Ex. Arunta, Unmatjera, Kaitish, - SPENCER et GILLEN, *Northern Tribes of Central Australia, p. 610.*

[6]   Sur le *vasu,* voir surtout le vieux document de WILLIAMS, *Fiji and the Fijians, 18,58,* tome 1, p. 34, sp. Cf. STEINMETZ, *Entwickelung der Strafe,* tome II, p. 241 sq. Ce droit du neveu utérin correspond seulement au communisme familial. Mais il permet de se représenter d'autres droits, par exemple ceux de parents par alliance et ce qu'on appelle en général le « vol légal ».

qu'il y a, avant tout, mélange de liens spirituels entre les choses qui sont à quelque degré de l'âme et les individus et les groupes qui se traitent à quelque degré comme des choses.

Et toutes ces institutions n'expriment uniquement qu'un fait, un régime social, une mentalité définie : c'est que tout, nourriture, femmes, enfants, biens, talismans, sol, travail, services, offices sacerdotaux et rangs, est matière à transmission et reddition. Tout va et vient comme s'il y avait échange constant d'une matière spirituelle comprenant choses et hommes, entre les clans et les individus, répartis entre les rangs, les sexes et les générations.

IV

REMARQUE

LE PRÉSENT FAIT AUX HOMMES
ET LE PRÉSENT FAIT AUX DIEUX

Un quatrième thème joue un rôle dans cette économie et cette morale des présents, c'est celui du cadeau fait aux hommes en vue des dieux et de la nature. Nous n'avons pas fait l'étude générale qu'il faudrait pour en faire ressortir l'importance. De plus, les faits dont nous disposons n'appartiennent pas tous aux aires auxquelles nous nous sommes limité. Enfin l'élément mythologique que nous comprenons encore mal y est trop fort pour que nous puissions en faire abstraction. Nous nous bornons donc à quelques indications.

Dans toutes les sociétés du nord-est sibérien [1] et chez les Eskimos, de l'ouest alaskan [2], comme chez ceux de la rive asiatique du détroit de Behring, le potlatch [3] produit un effet non

---

[1] Voir Bogoras, The Chukchee *(Jesup North Pacific Expedition, Mem. of the American Museum of Natural History,* New York), vol. VIL Les obligations à faire, à recevoir et à rendre des cadeaux et l'hospitalité sont plus marquées chez les Chukchee maritimes que chez les Chukchee du Renne. V. Social Organization, *ibid., p. 634, 637.* Cf. Règle du sacrifice et abattage du renne. Religion, *ibid.,* tome *II, p. 375* : devoir d'inviter, droit de l'invité à demander ce qu'il veut, obligation pour lui de faire un cadeau.

[2] Le thème de l'obligation de donner est profondément eskimo. V. notre travail sur les *Variations saisonnières des Sociétés eskimo, p. 121.* Un des derniers recueils eskimo publiés contient encore des contes de ce type enseignant la générosité. HAWKES, The Labrador Eskimis *(Can. Geological Survey, Anthropological Series), p. 159.*

[3] Nous avons (Variations saisonnières dans les Sociétés eskimo, *Année Sociologique,* tome *IX, p. 121)* considéré les fêtes des Eskimos de l'Alaska comme une combinaison d'éléments eskimo et d'emprunts faits au potlatch indien proprement dit. Mais, depuis l'époque où nous avons écrit, le potlatch a été identifié, ainsi que l'usage des cadeaux, chez les Chukchee et les Koryak de Sibérie, comme on va voir. L'emprunt peut, par conséquent, avoir été fait aussi bien à ceux-ci qu'aux Indiens d'Amérique. De plus, il faut tenir compte des belles et plausibles hypothèses de M. SAUVAGEOT *(Journal des Américanistes, 1924)* sur l'origine asiatique des langues eskimo, hypothèses qui viennent confirmer les idées les plus constantes des archéologues et des anthropologues sur les origines des Eskimos et de leur civilisation. Enfin tout démontre

seulement sur les hommes qui rivalisent de générosité, non seulement sur les choses qu'ils s'y transmettent ou y consomment, sur les âmes des morts qui y assistent et y prennent part et dont les hommes portent le nom, mais encore sur la nature. Les échanges de cadeaux entre les hommes, « name-sakes », homonymes des esprits, incitent les esprits des morts, les dieux, les choses, les animaux, la nature, à être « généreux envers eux » [1]. L'échange de cadeaux produit l'abondance de richesses, explique-t-on. MM. Nelson [2] et Porter [3] nous ont donné une bonne description de ces fêtes et de leur action sur les morts, sur les gibiers, cétacés et poissons que chassent et pêchent les Eskimos. On les appelle dans l'espèce de langue des trappeurs anglais du nom expressif de « Asking Festival » [4] d' « Inviting in festival ». Elles dépassent d'ordinaire les limites des villages d'hiver. Cette action sur la nature est tout à fait marquée dans l'un des derniers travaux sur ces Eskimos [5].

Même, les Eskimos d'Asie ont inventé une sorte de mécanique, une roue ornée de toutes sortes de provisions, et portée sur une espèce de mât de cocagne surmonté lui-même d'une tête de morse. Cette partie du mât dépasse la tente de cérémonie dont il forme l'axe. Il

---

que les Eskimos de l'Ouest, au lieu d'être plutôt dégénérés par rapport à ceux de l'Est et du Centre, sont plus près, linguistiquement et ethnologiquement, de la souche. C'est ce qui semble maintenant prouvé par M. Thalbitzer.

Dans ces conditions, il faut être plus ferme et dire qu'il y a potlatch chez les Eskimos de l'Est et que ce potlatch est très anciennement établi chez eux. Restent cependant les totems et les masques qui sont assez spéciaux à ces fêtes de l'Ouest et dont un certain nombre sont évidemment d'origine indienne; enfin on s'explique assez mal la disparition à l'est et au centre de l'Amérique arctique du potlatch eskimo, sinon par le rapetissement des sociétés eskimo de l'Est.

[1]　HALL, Life with the Esquimaux, tome II, p. 320. Il est extrêmement remarquable que cette expression nous soit donnée, non pas à propos d'observations sur le potlatch alaskan, mais à propos des Eskimos centraux, qui ne connaissent que les fêtes d'hiver de communisme et d'échanges de cadeaux. Ceci prouve que l'idée dépasse les limites de l'institution du potlatch proprement dit.

[2]　Eskimos about Behring Straits, XVIIIth Ann. Rep. of the Bur. of Am. Ethn., p. 303 sq.

[3]　PORTER, Alaskan, XIth Census, pp. 138 et 141, et Surtout WRANGELL, Statistische Ergebnisse, etc., p. 132.

[4]　NELSON, Cf. « asking stick » dans HAWKES, The Inviting-in Feast of the Alaskan Eskimos, Geological Survey. Mémoire 45. Anthropological Series, II, p. 7.

[5]　HAWKES, loc. cit., p. 7 ; p. 3 ; p. 9, description d'une de ces fêtes : Unalaklit contre Malemiut. Un des traits les plus caractéristiques de ce complexus est la série comique de prestations le premier jour et les cadeaux qu'elles engagent. La tribu qui réussit à faire rire l'autre peut lui demander tout ce qu'elle veut. Les meilleurs danseurs reçoivent des présents de valeur, p. 12, 13, 14. C'est un exemple fort net et fort rare de représentations rituelles (je n'en connais d'autres exemples qu'en Australie et en Amérique) d'un thème qui est, au contraire, assez fréquent dans la mythologie : celui de l'esprit jaloux qui, quand il rit, relâche la chose qu'il garde.

Le rite de l' « Inviting in Festival » se termine d'ailleurs par une visite de l'angekok (shamane) aux esprits hommes « inua » dont il porte le masque et qui l'informent qu'ils ont pris plaisir aux danses et enverront du gibier. Cf. cadeau fait aux phoques. JENNES, Life of the Copper Eskimos, Rep. of the Can. Artic Exped., 1922, vol. XII, p. 178, no 2.

Les autres thèmes du droit des cadeaux sont aussi fort bien développés, par exemple le chef « näskuk » n'a pas le droit de refuser aucun présent, ni mets, si rare qu'il Boit, sous peine d'être disgracié pour toujours, HAWKES, ibid., p. 9.

Mr. Hawkes a parfaitement raison de considérer (p. 19) la fête des Déné (Anvik) décrite par CHAPMAN (Congrès des Américanistes de Québec, 1907, tome II) comme un emprunt fait par les Indiens aux Eskimos.

est manoeuvré à l'intérieur de la tente à l'aide d'une autre roue et on le fait tourner dans le sens du mouvement du soleil. On ne saurait exprimer mieux la conjonction de tous ces thèmes [1].

Elle est aussi évidente chez les Chukchee [2] et les Koryaks de l'extrême nord-est sibérien. Les uns et les autres ont le potlatch. Mais ce sont les Chukchee maritimes qui, comme leurs voisins Yuit, Eskimos asiatiques dont nous venons de parler, pratiquent le plus ces échanges obligatoires et volontaires de dons, de cadeaux au cours des longs « Thanksgiving Ceremonies » [3], cérémonials d'actions de grâce qui se succèdent, nombreux en hiver, dans chacune des maisons, l'une après l'autre. Les restes du sacrifice festin sont jetés à la mer ou répandus au vent; ils se rendent au pays d'origine et emmènent avec eux les gibiers tués de l'année qui reviendront l'an suivant. M. Jochelson mentionne des fêtes du même genre chez les Koryaks, mais n'y a pas assisté, sauf à la fête de la baleine [4]. Chez ceux-ci, le système du sacrifice apparaît très nettement développé [5].

M. Bogoras [6] rapproche avec raison ces usages de la « Koliada » russe : des enfants masqués vont de maison en maison demander des oeufs, de la farine et on n'ose pas les leur refuser. On sait que cet usage est européen [7].

Les rapports de ces contrats et échanges entre hommes et de ces contrats et échanges entre hommes et dieux éclairent tout un côté de la théorie du Sacrifice. D'abord, on les comprend parfaitement, surtout dans ces sociétés où ces rituels contractuels et économiques se pratiquent entre hommes, mais où ces hommes sont les incarnations masquées, souvent chamanistiques et possédées par l'esprit dont ils portent le nom : ceux-ci n'agissent en réalité qu'en tant que représentants des esprits [8]. Car, alors, ces échanges et ces contrats entraînent en leur tourbillon, non seulement les hommes et les choses, mais les êtres sacrés qui leur sont plus ou moins associés [9]. Ceci est très nettement le cas du potlatch tlingit, de l'une des deux sortes du potlatch haïda et du potlatch eskimo.

---

[1] V. fig. dans Chukchee, tome VII (II), p. 403.

[2] BOGORAS, ibid., pp. 399 à 401.

[3] JOCHELSON, The Koryak, Jesup North Pacific Expedition, tome VI, p. 64.

[4] Ibid., p. 90.

[5] Cf. p. 98, « This for Thee ».

[6] Chukchee, p. 400.

[7] Sur des usages de ce genre, v. Frazer, Golden Bough (3e éd.), tome III, p. 78 à 85, p. 91 et suiv. ; tome X, p. 169 et suiv. V. plus loin.

[8] Sur le potlatch tlingit, v. plus loin p. 195 et suiv. Ce caractère est fondamental de tout le potlatch du nord-ouest américain. Cependant, il y est peu apparent parce que le rituel est trop totémistique pour que son action sur la nature soit très marquée en plus de son action sur les esprits. Il est beaucoup plus clair, en particulier dans le potlatch qui se fait entre Chukchee et Eskimos à l'Île Saint-Lawrence, dans le détroit de Behring.

[9] V. un mythe de potlatch dans Bogoras, Chukchee Mythology, p. 14, 1. 2. Un dialogue s'engage entre deux shamanes : « What will you answer », c'est-à-dire « give as return present ». Ce dialogue finit par une lutte; puis les deux shamanes contractent entre eux ; ils échangent entre eux leur couteau magique et leur collier magique, puis leur esprit (assistants magiques), enfin leur corps (p. 15, 1. 2). Mais ils ne réussissent pas parfaitement leurs vois et leurs atterrissages ; c'est qu'ils ont oublié d'échanger leurs bracelets et leurs

L'évolution était naturelle. L'un des premiers groupes d'êtres avec lesquels les hommes ont dû contracter et qui par définition étaient là pour contracter avec eux, c'étaient avant tout les esprits des morts et les dieux. En effet, ce sont eux qui sont les véritables propriétaires des choses et des biens du monde [1]. C'est avec eux qu'il était le plus nécessaire d'échanger et le plus dangereux de ne pas échanger. Mais, inversement, c'était avec eux qu'il était le plus facile et le plus sûr d'échanger. La destruction sacrificielle a précisément pour but d'être une donation qui soit nécessairement rendue. Toutes les formes du potlatch nord-ouest américain et du nord-est asiatique connaissent ce thème de la destruction [2]. Ce n'est pas seulement pour manifester puissance et richesse et désintéressement qu'on met à mort des esclaves, qu'on brûle des huiles précieuses, qu'on jette des cuivres à la mer, qu'on met même le feu à des maisons princières. C'est aussi pour sacrifier aux esprits et aux dieux, en fait confondus avec leurs incarnations vivantes, les porteurs de leurs titres, leurs alliés initiés.

Mais déjà apparaît un autre thème qui n'a plus besoin de ce support humain et qui peut être aussi ancien que le potlatch lui-même : on croit que c'est aux dieux qu'il faut acheter et que les dieux savent rendre le prix des choses. Nulle part peut-être cette idée ne s'exprime d'une façon plus typique que chez les Toradja de Célèbes. Kruyt [3] nous dit « que le propriétaire y doit « acheter » des esprits le droit d'accomplir certains actes sur « sa », en réalité sur « leur propriété ». Avant de couper « son » bois, avant de gratter même « sa » terre, de planter le poteau de « sa » maison, il faut payer les dieux. Même, tandis que la notion d'achat semble très peu développée dans la coutume civile et commerciale des Toradja [4], celle de cet achat aux esprits et aux dieux est au contraire parfaitement constante.

M. Malinowski, à propos des formes d'échange que nous allons décrire tout de suite, signale des faits du même genre aux Trobriand. On conjure un esprit malfaisant, un « *tauvau* » *dont* on a trouvé un cadavre (serpent ou crabe de terre), en présentant à celui-ci un de ces *vaygu'a*, un de ces objets précieux, ornement, talisman et richesse à la fois, qui servent aux échanges du *kula*. Ce don a une action directe sur l'esprit de cet esprit [5]. D'autre part, lors de la fête des *mila-mila* [6], potlatch en l'honneur des morts, les deux sortes de *vaygu'a*, ceux du

---

« tassels », « my guide in motion » : p. 16, 1. 10. ils réussissent enfin leurs tours. On voit que toutes ces choses ont la même valeur spirituelle que l'esprit lui-même, sont des esprits.

[1]   V. Jochelson, Koryak Religion, Jesup. Exped., tome VI, p. 30. Un chant kwakiutl de la danse des esprits (shamanisme des cérémonies d'hiver) commente le thème.

Vous nous envoyez tout de l'autre monde, esprits ! qui enlevez leurs sens aux hommes Vous avez entendu que nous avions faim, esprits !...

Nous recevrons beaucoup de vous ! etc.

Boas, Secret Societies and Social Organization of the Kwakiutl Indians, p. 483.

[2]   V. Davy, Foi jurée, p. 224 sq. et v. plus loin p. 201.

[3]   Koopen in midden Celebes. Meded. d. Konink. Akad. v. Wet., Afd. letterk. 56 ; série B, no 5, pp. 163 à 168, pp. 158 et 159.

[4]   Ibid., pp. 3 et 5 de l'extrait.

[5]   Argonauts of the Western Pacific, p. 511.

[6]   Ibid., pp. 72, 184.

kula et ceux que M. Malinowski appelle pour la première fois [1] les « vaygu'a permanents », sont exposés et offerts aux esprits sur une plate-forme identique à celle du chef. Ceci rend leurs esprits bons. Ils emportent l'ombre de ces choses précieuses au pays des morts [2], où ils rivalisent de richesses comme rivalisent les hommes vivants qui reviennent d'un kula solennel [3].

M. van Ossenbruggen, qui est non seulement un théoricien mais un observateur distingué et qui vit sur place, a aperçu un autre trait de ces institutions [4]. Les dons aux hommes et aux dieux ont aussi pour but d'acheter la paix avec les uns et les autres. On écarte ainsi les mauvais esprits, plus généralement les mauvaises influences, même non personnalisées : car une malédiction d'homme permet aux esprits jaloux de pénétrer en vous, de vous tuer, aux influences mauvaises d'agir, et les fautes contre les hommes rendent le coupable faible vis-à-vis des esprits et des choses sinistres. M. van Ossenbruggen interprète ainsi en particulier les jets de monnaie par le cortège du mariage en Chine et même le prix d'achat de la fiancée. Suggestion intéressante à partir de laquelle toute une chaîne de faits est à dégager [5].

On voit comment on peut amorcer ici une théorie et une histoire du sacrifice contrat. Celui-ci suppose des institutions du genre de celles que nous décrivons, et, inversement, il les réalise au suprême degré, car ces dieux qui donnent et rendent sont là pour donner une grande chose à la place d'une petite.

Ce n'est peut-être pas par l'effet d'un pur hasard que les deux formules solennelles du contrat : en latin *do ut des,* en sanscrit *dadami se, dehi me* [6], ont été conservées aussi par des textes religieux.

Autre remarque, l'aumône. - Cependant, plus tard, dans l'évolution des droits et des religions, réapparaissent les hommes, redevenus encore une fois représentants des dieux et des morts, s'ils ont jamais cessé de l'être. Par exemple, chez les Haoussa du Soudan, quand le

---

[1] P. 512 (ceux qui ne sont pas objets d'échange obligatoire). Cf. Baloma Spirits of the Dead, Jour. of the Royal Anthropological Institute, 1917.

[2] Un mythe maori, celui de Te Kanava, GREY, Polyn. Myth., Éd. Boutledge, p. 213, raconte comment les esprits, les fées, prirent l'ombre des pounamu (jades, etc.) (alias laonga) exposés en leur honneur. Un mythe exactement identique à Mangaia, Wyatt GILL, Myths and Song front the South Pacifie, p. 257, raconte la même chose des colliers de disques de nacre rouge, et comment ils gagnèrent la faveur de la belle Manapa.

[3] P. 513. M. MALINOWSKI exagère un peu, Arg., p. 510 et suiv., la nouveauté de ces faits, parfaitement identiques à ceux du potlatch tlingit et du potlatch haïda.

[4] Hel Primtieve Denken, voorn. in Pokkengebruiken... Bijdr. tot de Taal-, Land-, en Volkenk. v. Nederl. Indié, vol. 71, pp. 245 et 246.

[5] CRAWLEY, Mystic Rose, p. 386, a déjà émis une hypothèse de ce genre et M. WESTERMARCK entrevoit la question et commence la preuve. V. en particulier History of Human Marriage, 2e éd., tome I, p. 394 et suiv. Mais Il n'a pas vu clair dans le fond, faute d'avoir identifié le système des prestations totales et le système plus développé du potlatch dont tous ces échanges, et en particulier l'échange des femmes et le mariage, ne. sont que l'une des parties. Sur la fertilité du mariage assurée par les dons faits aux conjoints, v. plus loin.

[6] Vâjasaneyisamhitâ, v. HUBERT et Mauss, Essai sur le Sacrifice, p. 105 (Année Soc., tome II).

« blé de Guinée » est mûr, il arrive que des fièvres se répandent ; la seule façon d'éviter cette fièvre est de donner des présents de ce blé aux pauvres [1]. Chez les mêmes Haoussa (cette fois de Tripoli), lors de la Grande Prière (Baban Salla), les enfants (usages méditerranéens et européens) visitent les maisons : « Dois-je entrer ?... » « O lièvre à grandes oreilles 1 répond-on, pour un os on reçoit des services. » (Un pauvre est heureux de travailler pour les riches.) Ces dons aux enfants et aux pauvres plaisent aux morts [2]. Peut-être chez les Haoussa, ces usages sont-ils d'origine musulmane [3] ou d'origine musulmane, nègre et européenne à la fois, berbère aussi.

En tout cas, on voit comment s'amorce ici une théorie de l'aumône. L'aumône est le fruit d'une notion morale du don et de la fortune [4], d'une part, et d'une notion du sacrifice de l'autre. La libéralité est obligatoire, parce que la Némésis venge les pauvres et les dieux de l'excès de bonheur et de richesse de certains hommes qui doivent s'en défaire : c'est la vieille morale du don devenue principe de justice; et les dieux et les esprits consentent à ce que les parts qu'on leur en faisait et qui étaient détruites dans des sacrifices inutiles servent aux pauvres et aux enfants [5]. Nous racontons là l'histoire des idées morales des Sémites. La sadaka [6] arabe est, à l'origine, comme la zedaqa hébraïque, exclusivement la justice; et elle est devenue l'aumône. On peut même dater de l'époque mischnaïque, de la victoire des « Pauvres » à Jérusalem, le moment où naquit la doctrine de la charité et de l'aumône qui fit le tour du monde avec le christianisme et l'islam. C'est à cette époque que le mot zedaqa change de sens, car il ne voulait pas dire aumône dans la Bible.

Mais revenons à notre sujet principal : le don et l'obligation de rendre.

Ces documents et ces commentaires n'ont pas seulement *un* intérêt ethnographique local. Une comparaison peut étendre et approfondir ces données.

Les éléments fondamentaux du potlatch [7] se trouvent ainsi en Polynésie, même si l'institution complète [1] ne s'y trouve pas ; en tout cas, l'échange-don y est la règle. Mais ce serait

---

[1]   Tremearne, Haussa Superstitions and Customs, 1913, p. 55.

[2]   TREMEARNE, The Ban of the Bori, 1915, p. 239.

[3]   Robertson SMITH, Religion of the Semites, p. 283. « Les pauvres sont les hôtes de Dieu. »

[4]   Les Betsimisaraka de Madagascar racontent que de deux chefs, l'un distribuait tout ce qui était en sa possession, l'autre ne distribuait rien et gardait tout. Dieu donna la fortune à celui qui était libéral, et ruina l'avare (GRANDIDIER, *Ethnographie de Madagascar*, tome II, p. 67, n. a.).

[5]   Sur les notions d'aumône, de générosité et de libéralité, voir le recueil de faits de M. WESTERMARCK, Origin and Development of Moral Ideas, I, chap. XXIII.

[6]   Sur une valeur magique encore actuelle de la sadqâa, v. plus loin.

[7]   Nous n'avons pu refaire le travail de relire à nouveau toute une littérature. Il y a des questions qui ne se posent qu'après que la recherche est terminée. Mais nous ne doutons pas qu'en recomposant les systèmes de faits disjoints par les ethnographes, on trouverait encore d'autres traces importantes de potlatch en Polynésie. Par exemple, les fêtes d'exposition de nourriture, hakari, en Polynésie, v. TREGEAR, Maori Race, p. 113, comportent exactement les mêmes étalages, les mêmes échafaudages, mises en tas, distribution de nourriture, que les hekarai, mêmes fêtes à noms identiques des Mélanésiens de Koita. V. SELIGMANN, The Melanesians, pp. 141-145 et pl. Sur le Hakari, v. aussi TAYLOR, Te ika a Maui, p. 13;

Pure érudition que de souligner ce thème de droit s'il n'était que maori, ou à la rigueur polynésien. Déplaçons le sujet. Nous pouvons, au moins pour *l'obligation de rendre,* montrer qu'elle a une bien autre extension. Nous indiquerons également l'extension des autres obligations et nous allons prouver que cette interprétation vaut pour plusieurs autres groupes de sociétés.

YEATS, An account of New Zealand, 1835, p. 139. Cf. TREGEAR, Maori Comparative Dic., s. v. Hakari. Cf. un mythe dans GREY, Poly. Myth., p. 213 (édition de 1855), p. 189 (édition populaire de Routledge), décrit le hakari de Maru, dieu de la guerre; or la désignation solennelle des donataires est absolument identique à celle des fêtes néo-calédoniennes, fijiennes et néo-guinéennes. Voici encore un discours formant Umu taonga (Four à taonga) pour un hikairo (distribution de nourriture), conservé dans un chant (sir E. GREY, Konga Moteatea, Mythology and Traditions, in New-Zealand, 1853, p. 132) autant que je puis traduire (strophe 2)

> Donne-moi de ce côté mes taonga
> donne-moi mes taonga, que je les place en tas
> que je les place en tas vers la terre
> que je les place en tas vers la mer
> etc... vers l'Est
> ....
> Donne moi mes taonga.

La première strophe fait sans doute allusion aux taonga de pierre. On voit à quel degré la notion même de taonga est inhérente à ce rituel de la fête de nourriture. Cf. Perey SMITH, Wars of the Northern against the Southern Tribes, J.P.S., tome VIII, p. 156 (Hakari de Te Toko).

[1] En supposant qu'elle ne se trouve pas dans les sociétés polynésiennes actuelles, il se pourrait qu'elle ait existé dans les civilisations et les sociétés qu'a absorbées ou remplacées l'immigration des Polynésiens, et il se peut aussi que les Polynésiens l'aient eue avant leur migration. En fait, il y a une raison pour qu'elle ait disparu d'une partie de cette aire. C'est que les clans sont définitivement hiérarchisés dans presque toutes les îles et même concentrés autour d'une monarchie ; il manque donc une des principales conditions du potlatch, l'instabilité d'une hiérarchie que la rivalité des chefs a justement pour but de fixer par instants. De même, si nous trouvons plus de traces (peut-être de seconde formation) chez les Maori, plus qu'en aucune autre île, c'est que précisément la chefferie s'y est reconstituée et que les clans isolés y sont devenus rivaux.

Pour des destructions de richesses de type mélanésien ou américain à Samoa, v. Krämer, *Samoa Inseln,* tome I. p. 375. V. index s. *v. ifoga.* Le muru maori, destruction de biens pour cause de faute, peut être étudié aussi de ce point de vue. A Madagascar, les relations des *Lohateny* - qui doivent commercer entre eux, peuvent s'insulter, abîmer tout les uns chez les autres - sont également des traces de potlatch anciens. V. GRANDIDIER, *Ethnographie de Madagascar,* tome II, p. 131 et n. pp. 132-133.

CHAPITRE II

EXTENSION DE CE SYSTÈME LIBÉRALITÉ, HONNEUR, MONNAIE

I

RÈGLES DE LA GÉNÉROSITÉ. ANDAMANS [NB]

D'abord on trouve aussi ces coutumes chez les Pygmées, les plus primitifs des hommes, selon le Père Schmidt [1]. Mr. Brown a observé, dès 1906, des faits de ce genre parmi les Andamans (île du Nord) et les a décrits en excellents termes à propos de l'hospitalité entre groupes locaux et des visites - fêtes, foires qui servent aux échanges volontaires-obligatoires - (commerce de l'ocre et produits de la mer contre produits de la forêt, etc.) : « Malgré l'importance de ces échanges, comme le groupe local et la famille, en d'autres cas, savent se suffire en fait d'outils, etc., ces présents ne servent pas au même but que le commerce et l'échange dans les sociétés plus développées. Le but est avant tout moral, l'objet en est de

---

[NB] - Tous ces faits, comme ceux qui vont suivre, sont empruntés à des provinces ethnographiques assez variées dont ce n'est pas notre but d'étudier les connexions. D'un point de vue ethnologique, l'existence d'une civilisation du Pacifique ne fait pas l'ombre d'un doute et explique en partie bien des traits communs, par exemple du potlatch mélanésien et du potlatch américain, de même l'identité du potlatch nord-asiatique et nord-américain. mais, d'autre part, ces débuts chez les Pygmées sont bien extraordinaires. Les traces du potlatch indo-européen dont nous parlerons ne le sont pas moins. Nous nous abstiendrons donc de toutes les considérations à la mode sur les migrations d'institutions. Dans notre cas, il est trop facile et trop dangereux de parler d'emprunt et non moins dangereux de parler d'inventions indépendantes. Au surplus, toutes ces cartes qu'on dresse ne sont que celles de nos pauvres connaissances ou ignorances actuelles. Pour le moment, qu'il nous suffise de montrer la nature et la très large répartition d'un thème de droit ; à d'autres d'en faire l'histoire, s'ils peuvent.

[1] Die Stellung der Pygmäenvölker, 1910. Nous ne sommes pas d'accord avec le P. Schmidt sur ce point. V. Année Soc., tome XII, p. 65 sq.

produire un sentiment amical entre les deux personnes en jeu, et si l'opération n'avait pas cet effet, tout en était manqué [1]... »

« Personne n'est libre de refuser un présent offert. Tous, hommes et femmes, tâchent de se surpasser les uns les autres en générosité. Il y avait une sorte de rivalité à qui pourrait donner le plus d'objets de plus de valeur [2]. » Les présents scellent le mariage, forment une parenté entre les deux couples de parents. Ils donnent aux deux « côtés » même nature, et cette identité de nature est bien manifestée par l'interdit qui, dorénavant, tabouera, depuis le premier engagement de fiançailles, jusqu'à la fin de leurs jours, les deux groupes de parents qui ne se voient plus, ne s'adressent plus la parole, mais échangent de perpétuels cadeaux [3]. En réalité, cet interdit exprime, et l'intimité et la peur qui règnent entre ce genre de créditeurs et ce genre de débiteurs réciproques. Que tel soit le principe, c'est ce que prouve ceci : le même tabou, significatif de l'intimité et de l'éloignement simultanés, s'établit encore entre jeunes gens des deux sexes qui ont passé en même temps par les cérémonies du « manger de la tortue et manger du cochon [4] », et qui sont pour leur vie également obligés à l'échange de présents. Il y a des faits de ce genre également en Australie [5]. M. Brown nous signale encore les rites de la rencontre après de longues séparations, l'embrassade, le salut par les larmes, et montre comment les échanges de présents en sont les équivalents [6] et comment on y mélange et les sentiments et les personnes [7].

Au fond, ce sont des mélanges. On mêle les âmes dans les choses ; on mêle les choses dans les âmes. On mêle les vies et voilà comment les personnes et les choses mêlées sortent chacune de sa sphère et se mêlent : ce qui est précisément le contrat et l'échange.

II

PRINCIPES, RAISONS ET INTENSITÉ DES ÉCHANGES DE DONS (MÉLANÉSIE)

---

[1] Andaman Islanders, 1922, p. 83 : « Quoique les objets fussent regardés comme des présents, on s'attendait à recevoir quelque chose d'égale valeur et on se fâchait si le présent rendu ne correspondait pas à l'attente. »

[2] Ibid., pp. 73, 81 ; M. Brown observe ensuite combien cet état d'activité contractuelle est instable, comment il mène à des querelles soudaines alors qu'il avait souvent pour but de les effacer.

[3] Ibid.

[4] Ibid.

[5] Le fait est en effet parfaitement comparable aux relations kalduke des ngia-ngiampe, chez les Narrinyerri et aux Yutchin chez les Dieri; sur ces relations, nous nous réservons de revenir.

[6] Ibid.

[7] Ibid. M. Brown donne une excellente théorie sociologique de ces manifestations de la communion, de l'identité des sentiments, du caractère à la fois obligatoire et libre de leur manifestations. Il y a là un autre problème, d'ailleurs connexe, sur lequel nous avons déjà attiré l'attention : Expression obligatoire des sentiments, Journal de Psychologie, 1921.

Les populations mélanésiennes ont, mieux que les polynésiennes, ou conservé ou développé le potlatch [1]. Mais ceci n'est pas notre sujet. Elles ont en tout cas, mieux que les polynésiennes, d'une part conservé, et d'autre part développé tout le système des dons et de cette forme d'échange. Et comme, chez elles, apparaît beaucoup plus nettement qu'en Polynésie la notion de monnaie [2], le système se complique en partie, mais aussi se précise.

Nouvelle-Calédonie. - Nous retrouvons non seulement les idées que nous voulons dégager, mais même leur expression, dans les documents caractéristiques que M. Leenhardt a rassemblés sur les Néo-Calédoniens. Il a commencé à décrire le pilou-pilou et le système de fêtes, cadeaux, prestations de toute sorte, y compris de monnaie [3], qu'il ne faut pas hésiter à qualifier de potlatch. Des dires de droit dans les discours solennels du héraut sont tout à fait typiques. Ainsi, lors de la présentation cérémonielle des ignames [4] du festin, le héraut dit : « S'il y a quelque ancien pilou au devant duquel nous n'avons pas été là-bas, chez les Wi.... etc., cette igname s'y précipite comme autrefois une igname pareille est venue de chez eux chez nous [5]... » C'est la chose elle-même qui revient. Plus loin, dans le même discours, c'est l'esprit des ancêtres qui laisse « descendre... sur ces parts de vivres l'effet de leur action et leur force ». « Le résultat de l'acte que vous avez accompli apparaît aujourd'hui. Toutes les générations ont apparu dans sa bouche. » Voici une autre façon de figurer le lien de droit, non moins expressive : « Nos fêtes sont le mouvement de l'aiguille qui sert à lier les parties de la toiture de paille, pour ne faire qu'un seul toit, qu'une seule parole [6]. » Ce sont les mêmes choses qui reviennent, le même fil qui passe [7]. D'autres auteurs signalent ces faits [8].

---

[1]   V. plus haut, p. 152, B. 1.

[2]   Il y aurait lieu de reprendre la question de la monnaie pour la Polynésie. V. plus haut, p. 156, B. 6, la citation d'Ella sur les nattes samoanes. Les grandes haches, les jades, les tiki, les dents de cachalot, sont sans doute des monnaies ainsi qu'un grand nombre de coquillages et de cristaux.

[3]   La Monnaie néo-calédonienne, Revue d'Ethnographie, 1922, p. 328, surtout en ce qui concerne les monnaies de fin de funérailles et le principe, p. 332. La Fête du Pilou en Nouvelle-Calédonie, Anthropologie, p. 226 sq.

[4]   Ibid., pp. 236-237 ; cf. pp. 250 et 251.

[5]   P. 247 ; cf. pp. 250-251.

[6]   Pilou, p. 263. Cf. Monnaie, p. 332.

[7]   Cette formule semble appartenir au symbolisme juridique polynésien. Aux îles Mangaia, la paix était symbolisée par une « maison bien couverte » rassemblant les dieux et les clans, sous un toit « bien lacé ». Wyatt GILL, Myths and Songs of the South Pacific, p. 294.

[8]   Le Père LAMBERT, Mœurs des Sauvages néo-calédoniens, 1900, décrit de nombreux potlatch : un de 1856, p. 119; la série des fêtes funéraires, pp. 234-235 ; un potlatch de deuxième enterrement, pp. 240-246; il a saisi que l'humiliation et même l'émigration d'un chef vaincu était la sanction d'un présent et d'un potlatch non rendus, p. 53 ; et il a compris que « tout présent demande en retour un autre présent », p. 116 ; il se sert de l'expression populaire française « un retour » : « retour réglementaire P; les « retours » sont exposés dans la case des riches, p. 125. Les présents de visite sont obligatoires. Ils sont condition du mariage, pp. 10, 93-94 ; ils sont irrévocables et les « retours sont faits avec usure à, en particulier au bengam, cousin germain de certaine sorte, p. 215. Le trianda, danse des présents, p. 158, est un cas remarquable de formalisme, de ritualisme et d'esthétique juridique mélangés.

Trobriand. - A l'autre extrémité du monde mélanésien, un système fort développé est équivalent à celui des Néo-Calédoniens. Les habitants des îles Trobriand sont parmi les plus civilisés de ces races. Aujourd'hui riches pêcheurs de perles et, avant l'arrivée des Européens, riches fabricants de poterie, de monnaie de coquillages, de haches de pierre et de choses précieuses, ils ont été de tout temps bons commerçants et hardis navigateurs. Et M. Malinowski les appelle d'un nom vraiment exact quand il les compare aux compagnons de Jason : « Argonautes de l'ouest du Pacifique ». Dans un livre qui est un des meilleurs de sociologie descriptive, se cantonnant pour ainsi dire sur le sujet qui nous intéresse, il nous a décrit tout le système de commerce intertribal et intratribal qui porte le nom de kula [1]. Il nous laisse encore attendre la description de toutes les institutions auxquelles les mêmes principes de droit et d'économie président : mariage, fête des morts, initiation, etc., et, par conséquent, la description que nous allons donner n'est encore que provisoire. Mais les faits sont capitaux et évidents [2].

Le *kula* est une sorte de grand potlatch ; véhiculant un grand commerce intertribal, il s'étend sur toutes les îles Trobriand, sur une partie des îles d'Entrecasteaux et des îles Amphlett. Dans toutes ces terres, il intéresse indirectement toutes les tribus et directement quelques grandes tribus : celles de Dobu dans les Amphlett, celles de Kiriwina, de Sinaketa et de Kitava dans les Trobriand, de Vakuta à l'île Woodlark. M. Malinowski ne donne pas la traduction du mot, qui veut sans doute dire cercle ; et, en effet, c'est comme si toutes ces tribus, ces expéditions maritimes, ces choses précieuses et ces objets d'usage, ces nourritures et ces fêtes, ces services de toutes sortes, rituels et sexuels, ces hommes et ces femmes, étaient pris dans un cercle [3] et suivaient autour de ce cercle, et dans le temps et dans l'espace, un mouvement régulier.

Le commerce kula est d'ordre noble [4]. Il semble être réservé aux chefs, ceux-ci étant à la fois les chefs des flottes, des canots, et les commerçants et aussi les donataires de leurs vassaux, en l'espèce de leurs enfants, de leurs beaux-frères, qui sont aussi leurs sujets, et en

---

[1]   V. Kula, Man, juillet 1920, no 51, p. 90 et suiv. ; Argonauts of the Western Pacific, Londres, 1922. Toutes les références qui ne sont pas autrement dénommées dans cette section se réfèrent à ce livre.

[2]   M. Malinowski exagère cependant, pp. 513 et 515, la nouveauté des faits qu'il décrit. D'abord le kula n'est au fond qu'un potlatch intertribal, d'un type assez commun en Mélanésie et auquel appartiennent les expéditions que décrit le Père Lambert, en Nouvelle-Calédonie, et les grandes expéditions, les Olo-Olo des Fijiens, etc., v. Mauss, Extension du potlatch en Mélanésie, dans Procès-verbaux de l'I.F.A., Anthropologie, 1920. Le sens du mot kula me semble se rattacher à celui d'autres mots de même type, par exemple : ulu-ulu. V. RIVERS, History of the Melanesian Society tome II, p. 415 et 485, tome 1, p. 160. Mais, même le kula est moins caractéristique, que le potlatch américain par certains côtés, les îles étant plus petites, les sociétés moins riches et moins fortes que celles de la côte de la Colombie britannique. Chez celles-ci, tous les traits des potlatch intertribaux se retrouvent. On rencontre même de véritables potlatch internationaux ; par exemple : Haïda contre Tlingit (Sitka était en fait une ville commune, et la Nass River un lieu de rencontre constant) ; Kwakiutl contre Bellacoola, contre Heiltsuq ; Haïda contre Tsimshian, etc. ; ceci est d'ailleurs dans la nature des choses : les formes d'échange sont normalement extensibles et internationales; elles ont sans doute, là comme ailleurs, à la fois suivi et frayé les voies commerciales entre ces tribus également riches et également maritimes.

[3]   M. Malinowski affectionne l'expression « kula ring ».

[4]   Ibid., « noblesse oblige ».

même temps les chefs de divers villages inféodés. Il s'exerce de façon noble, en apparence purement désintéressée et modeste [1]. On le distingue soigneusement du simple échange économique de marchandises utiles qui porte le nom de *gimwali* [2]. Celui-ci se pratique, en effet, en plus du *kula,* dans les grandes foires primitives que sont les assemblées du *kula* intertribal ou dans les petits marchés du *kula* intérieur : il se distingue par un marchandage très tenace des deux parties, procédé indigne du *kula.* On dit d'un individu qui ne conduit pas le *kula* avec la grandeur d'âme nécessaire, qu'il le « conduit comme un *gimwali* ». En apparence, tout au moins, le *kula - comme* le *potlatch* nord-ouest américain - consiste à donner, de la part des uns, à recevoir, de la part des autres [3], les donataires d'un jour étant les donateurs de la fois suivante. Même, dans la forme la plus entière, la plus solennelle, la plus élevée, la plus compétitive [4] du *kula,* celle des grandes expéditions maritimes, des *Uvalaku,* la règle est de partir sans rien avoir à échanger, même sans rien avoir à donner, fût-ce en échange d'une nourriture, qu'on refuse même de demander. On affecte de ne faire que recevoir. C'est quand la tribu visiteuse hospitalisera, l'an d'après, la flotte de la tribu visitée, que les cadeaux seront rendus avec usure.

Cependant, dans les *kula* de moindre envergure, on profite du voyage maritime pour échanger des cargaisons ; les nobles eux-mêmes font du commerce, car il y a beaucoup de théorie indigène là-dedans ; de nombreuses choses sont sollicitées [5], demandées et échangées, et toutes sortes de rapports se lient en plus du *kula ; mais* celui-ci reste toujours le but, le moment décisif de ces rapports.

La donation elle-même affecte des formes très solennelles, la chose reçue est dédaignée, on se défie d'elle, on ne la prend qu'un instant après qu'elle a été jetée au pied ; le donateur affecte une modestie exagérée [6] : après avoir amené solennellement, et à son de conque, son présent, il s'excuse de ne donner que ses restes et jette au pied du rival et partenaire la chose donnée [7]. Cependant, la conque et le héraut proclament à tous la solennité du transfert. On recherche en tout ceci à montrer de la libéralité. de la liberté et de l'autonomie, en même temps que de la grandeur [8]. Et pourtant, au fond, ce sont des mécanismes d'obligation, et même d'obligation par les choses, qui jouent.

---

[1]   Ibid., les expressions de modestie : « mon reste de nourriture d'aujourd'hui, prends-le ; je l'apporte », pendant qu'on donne un collier précieux.

[2]   Ibid. C'est de façon purement didactique et pour se faire comprendre d'Européens, que M. Malinowski, p. 187, range le kula parmi les « échanges cérémoniels avec paiement » (de retour) : le mot paiement comme le mot échange sont également européens.

[3]   V. Primitive Economics of the Trobriand Islanders, Economic Journal, mars 1921.

[4]   Rite du tanarere, exposition des produits de l'expédition, sur la grève de Muwa, pp. 374-375, 391. Cf. Uvalaku de Dobu, p. 381 (20-21 avril). On détermine celui qui a été le plus beau, c'est-à-dire le plus chanceux, le meilleur commerçant.

[5]   Rituel du wawogla, pp. 353-354 ; magie du wawoyla, pp. 360-363.

[6]   V. plus haut p. 176, n. 3.

[7]   V le frontispice et les photographies des planches, v. plus loin p. 185 et suiv.

[8]   Par exception, nous indiquerons qu'on peut comparer ces morales avec les beaux paragraphes de l'Éthique à Nicomaque sur la [...] et [...].

L'objet essentiel de ces échanges-donations sont les vaggu'a, sorte de monnaie [1]. Il en est de deux genres : les mwali, beaux bracelets taillés et polis dans une coquille et portés

[1] NOTE DE PRINCIPE SUR L'EMPLOI DE LA NOTION DE MONNAIE. Nous persistons, malgré les objections de M. MALINOWSKI (Primitive Currency, Economic Journal, 1923) à employer ce terme. M. MALINOWSKI a protesté d'avance contre l'abus (Argonauts, p. 499, n. 2), et critique la nomenclature de M. Seligmann. Il réserve la notion de monnaie à des objets servant, non pas seulement de moyen d'échange, mais encore d'étalon pour mesurer la valeur. M. Simiand m'a fait des objections du même genre à propos de l'emploi de la notion de valeur dans des sociétés de ce genre. Ces deux savants ont sûrement raison à leur point de vue; ils entendent le mot de monnaie et le mot de valeur dans le sens étroit. A ce compte, il n'y a eu valeur économique que quand il y a eu monnaie et il n'y a eu monnaie que quand les choses précieuses, richesses condensées elles-mêmes et signes de richesses, ont été réellement monnayées, c'est-à-dire titrées, impersonnalisées, détachées de toute relation avec toute personne morale, collective ou individuelle autre que l'autorité de l'État qui les frappe. Mais la question ainsi posée n'est que celle de la limite arbitraire que l'on doit mettre à l'emploi du mot. A mon avis, on ne définit ainsi qu'un second type de monnaie : le nôtre.

Dans toutes les sociétés qui ont précédé celles où l'on a monnayé l'or, le bronze et l'argent, il y a ou d'autres choses, pierres, coquillages et métaux précieux en particulier, qui ont été employées et ont servi de moyen d'échange et de paiement ; dans un bon nombre de celles qui nous entourent encore, ce même système fonctionne en fait, et c'est celui-là que nous décrivons.

Il est vrai que ces choses précieuses diffèrent de ce que nous avons l'habitude de concevoir comme des instruments libératoires. D'abord, en plus de leur nature économique, de leur valeur, ils ont plutôt une nature magique et sont surtout des talismans : life givers, comme disait Rivers et comme disent MM. Perry et Jackson. De plus, ils ont bien une circulation très générale à l'intérieur d'une société et même entre les sociétés; niais ils sont encore attachés à des personnes ou à des clans (les premières monnaies romaines étaient frappées par des gentes), à l'individualité de leurs anciens propriétaires, et à des contrats passés entre des êtres moraux. Leur valeur est encore subjective et personnelle. Par exemple, les monnaies de coquillages enfilés, en Mélanésie, sont encore mesurées à l'empan du donateur. Rivers, History of the Melanesian Society, tome II, p. 527 ; tome I, pp. 64, 71, 101, 160 sq. Cf. l'expression Schulterfaden : THURNWALD, Forschungen, etc., tome III, p. 41 sq., vol. I, p. 189, v. 15 ; Hüftschnur, tome I, p. 263, 1. 6, etc. Nous verrons d'autres exemples importants de ces institutions. Il est encore vrai que ces voleurs sont instables, et qu'elles manquent de ce caractère nécessaire à l'étalon, à une mesure : par exemple leur prix croit et décroît avec le nombre et la grandeur des transactions où elles ont été utilisées. M. Malinowski compare fort joliment les vaggu'a des Trobriand acquérant du prestige au cours de leurs voyages, avec les joyaux de la couronne. De même les cuivres blasonnés du nord-ouest américain et les nattes de Samoa croissent de valeur à chaque potlatch, à chaque échange.

Mais d'autre part, à deux points de vue, ces choses précieuses ont les mêmes fonctions que la monnaie de nos sociétés et par conséquent peuvent mériter d'être classées au moins dans le même genre. Elles ont un pouvoir d'achat et ce pouvoir est nombré. A tel « cuivre » américain est dû un paiement de tant de couvertures, à tel vaygu'a correspondent tant et tant de paniers d'ignames. L'idée de nombre est là, quand bien même ce nombre est fixé autrement que par une autorité d'État et varie dans la succession des *kula* et des *potlatch*. De plus, ce pouvoir d'achat est vraiment libératoire. même s'il est reconnu qu'entre individus, clans et tribus déterminés et seulement entre associés, il n'est pas moins publie, officiel, fixe. M. Brudo, ami de M. Malinowski et comme lui longtemps résident aux Trobriand, payait ses pêcheurs de perles avec des *vaygu'a* aussi bien qu'avec de la monnaie européenne ou (le la marchandise à cours fixe. Le passage d'un système à l'autre s'est fait sans secousse, était donc possible. - Mr. Armstrong à propos des monnaies de l'île Rossel, voisine des Trobriand, donne des indications fort nettes et persiste, s'il y a erreur, dans la même erreur que nous. A unique monetary system, *Economic Journal, 1924* (communiqué en épreuves).

Selon nous, l'humanité a longtemps tâtonné. D'abord, première phase elle a trouvé que certaines choses, presque toutes magiques et précieuses n'étaient pas détruites par l'usage et elle les a douées de pouvoir d'achat; V. MAUSS, Origines de la notion de Monnaie, *Anthropologie, 1914*, in *Proc. verb. de l'I.F.A.* (A ce moment, nous n'avions trouvé que l'origine lointaine de la monnaie.) Puis, deuxième phase, après avoir réussi à faire circuler ces choses, dans la tribu et hors d'elle, au loin, l'humanité a trouvé que ces instruments d'achat pouvaient servir de moyen de numération et de circulation des richesses. Ceci est le

dans les grandes occasions par leurs propriétaires ou leurs parents ; les *soulava*, colliers ouvrés par les habiles tourneurs de Sinaketa dans la jolie nacre du spondyle rouge. Ils sont portés solennellement par les femmes [1], exceptionnellement par les hommes, par exemple en cas d'agonie [2]. Mais, normalement, les uns et les autres sont thésaurisés. On les a pour jouir de leur possession. La fabrication des uns, la pêche et la joaillerie des autres, le commerce de ces deux objets d'échange et de prestige sont, avec d'autres commerces plus laïques et vulgaires, la source de la fortune des Trobriandais.

D'après M. Malinowski, ces vaygu'a sont animés d'une sorte de mouvement circulaire : les mwali, les bracelets, se transmettent régulièrement d'Ouest en Est, et les *soulava* voyagent toujours d'Est en Ouest [3]. Ces deux mouvements de sens contraire se font entre toutes les îles Trobriand, d'Entrecasteaux, Amphlett et les îles isolées, Woodlark, Marshall Bennett, Tube-tube et enfin l'extrême côte sud-est de la Nouvelle-Guinée, dont viennent les bracelets bruts. Là ce commerce rencontre les grandes expéditions de même nature qui viennent de Nouvelle-Guinée (Massim-Sud) [4], et que M. Seligmann a décrites.

En principe, la circulation de ces signes de richesse est incessante et infaillible. Ni on ne doit les garder trop longtemps, ni il ne faut être lent, ni il ne faut être dur [5] à s'en défaire, ni on ne doit en gratifier personne d'autre que des partenaires déterminés dans un sens déterminé, « sens bracelet », « sens collier [6] ». On doit et on peut les garder d'un kula à l'autre, et toute la communauté s'enorgueillit des vaggu'a qu'a obtenus un de ses chefs. Même, il est des occasions, comme la préparation des fêtes funéraires, des grands s'oi, où il est permis de toujours recevoir et de ne rien rendre [7]. Seulement, c'est pour rendre tout, dépenser tout lorsqu'on donnera la fête. C'est donc bien une propriété que l'on a sur le cadeau

---

stade que nous sommes en train de décrire. Et c'est à partir de ce stade qu'à une époque assez ancienne, dans les sociétés sémitiques, mais peut-être pas très ancienne ailleurs, sans doute, on a inventé - troisième phase - le moyen de détacher ces choses précieuses des groupes et des gens, d'en faire des instruments permanents de mesure de valeur, même de mesure universelle, sinon rationnelle - en attendant mieux.

Il y a donc eu, à notre avis, une forme de monnaie qui a précédé les nôtres. Sans compter celles qui consistent en objets d'usage, par exemple, par exemple encore, en Afrique et en Asie, les plaques et lingots de cuivre, de fer, etc., et sans compter, dans nos sociétés antiques et dans les sociétés africaines actuelles, le bétail (à propos de ce dernier, v. plus loin *p. 247, no 3)*.

Nous nous excusons d'avoir été obligés de prendre parti sur ces questions trop vastes. Mais elles touchent de trop près à notre sujet, et il fallait être clair.

[1] Planche XIX. Il semble que la femme aux Trobriand, comme les « princesses » au nord-ouest américain, et quelques autres personnes, servent en quelque sorte de moyen d'exposer les objets de parade... sans compter qu'on les « charme » ainsi. Cf. THURNWALD, Forsch. Salomo Inseln, tome I, pp. 138, 159, 192, V. 7.

[2] V. plus loin.

[3] V. carte p. 82. Cf. Kula, in Man, 1920, p. 101. M. Malinowski n'a pas trouvé, nous dit-il, de raisons mythiques ou autres sens de cette circulation. Il serait très important de les fixer. Car, si la raison était dans mie orientation quelconque de ces objets, tendant à revenir à un point d'origine et suivant une voie d'origine mythique, le fait serait alors prodigieusement identique au fait polynésien, au *hau* maori.

[4] V. sur cette civilisation et ce commerce, SELIGMANN, The Melanesians or British New-Guinea, chap. XXXIII sq. Cf. Année Sociologique, tome XII, p. 374 ; Argonauts, p. 96.

[5] Les gens de Dobu sont a durs au kula », Arg., p. 94.

[6] Ibid.

[7] P. 502, p. 492.

reçu. Mais c'est une propriété d'un certain genre. On pourrait dire qu'elle participe à toutes sortes de principes de droit que nous avons, nous, modernes, soigneusement isolés les uns des autres. C'est une propriété et une possession, un gage et une chose louée, une chose vendue et achetée et en même temps déposée, mandatée et fidéi-commise : car elle ne vous est donnée qu'à condition d'en faire usage pour un autre, ou de la transmettre à un tiers, « partenaire lointain », murimuri [1]. Tel est le complexus économique, juridique et moral, vraiment typique, que M. Malinowski a su découvrir, retrouver, observer et décrire.

Cette institution a aussi sa face mythique, religieuse et magique. Les vaygu'a ne sont pas choses indifférentes, de simples pièces de monnaie. Chacun, du moins les plus chers et les plus convoités - et d'autres objets ont le même prestige [2], chacun a un nom [3], une personnalité, une histoire, même un roman. Tant et si bien que certains individus leur empruntent même leur nom. Il n'est pas possible de dire qu'ils sont réellement l'objet d'un culte, car les Trobriandais sont positivistes à leur façon. Mais il n'est pas possible de ne pas reconnaître leur nature éminente et sacrée. En posséder est « exhilarant, réconfortant, adoucissant en soi [4] ». Les propriétaires les manient et les regardent pendant des heures. Un simple contact en transmet les vertus [5]. On pose des vaygu'a sur le front, sur la poitrine du moribond, on les frotte sur son ventre, on les fait danser devant son nez. Ils sont son suprême confort.

Mais il y a plus. Le contrat lui-même se ressent de cette nature des vaygu'a. Non seulement les bracelets et les colliers, mais même tous les biens, ornements, armes, tout ce qui appartient au partenaire est tellement animé, de sentiment tout au moins, sinon d'âme personnelle, qu'ils prennent part eux-mêmes au contrat [6]. Une très belle formule, celle de l' « enchantement de la conque [7] », sert, après les avoir évoquées, à enchanter, à entraîner [8] vers le « partenaire candidat » les choses qu'il doit demander et recevoir.

---

[1]   Le « remote partner » (muri muri, cf. muri SELIGMANN, Melanesians, p. 505, 752), est connu d'une partie au moins de la série des « partners », comme nos correspondants de banques.

[2]   V. les observations, justes et de portée générale, pp. 89 et 90, sur les objets de cérémonie.

[3]   P. 504, noms de paires, p. 89, pp. 271. V. le mythe p. 323 : façon dont on entend parler d'un soulava.

[4]   P. 512.

[5]   P. 513.

[6]   P. 340, commentaire, p. 341.

[7]   Sur l'emploi de la conque, v. pp. 340, 387, 471. Cf. pl. LXI. La conque est l'instrument dont on sonne à chaque transaction, à chaque moment solennel du repas en commun, etc. Sur l'extension, sinon sur l'histoire de l'usage de la conque, v. JACKSON, Pearls and Shells (Univ. Manchester Series, 1921).

L'usage de trompettes, tambours, lors des fêtes et contrats, se rencontre dans un très grand nombre de sociétés nègres (guinéennes et bantus), asiatiques, américaines, indo-européennes, etc. Il se rattache au thème de droit et d'économie que nous étudions ici et mérite une étude à part, pour soi et dans son histoire.

[8]   P. 340. Mwanita, mwanita. Cf. le texte en kiriwina des deux premiers vers (2e et 3e, à notre avis), p. 448. Ce mot est le nom de longs vers, à cercles noirs, auxquels sont identifiés les colliers de disques de spondyle, p. 341. Suit l'évocation-invocation : « Venez là ensemble. Je vous ferai venir là ensemble. Venez ici ensemble. Je vous ferai venir ici ensemble. L'arcen-ciel apparaît là. Je ferai apparaître l'arc-en-ciel là. L'arc-en-ciel apparaît ici. Je ferai apparaître l'arc-en-ciel ici. » M. Malinowski, d'après les indigènes, considère l'arc-en-ciel comme un simple présage. Mais il peut aussi désigner les reflets multiples de la nacre. L'expression : « venez ici ensemble » a trait aux choses de valeur qui vont s'assembler dans le

[Un état d'excitation [1] s'empare de mon partenaire [2],]
Un état d'excitation s'empare de son chien,
Un état d'excitation s'empare de sa ceinture,

Et ainsi de suite : « ... de son *gwara* (tabou sur les noix de coco et le bétel) [3] ; ... de son collier *bagido'u*... ; ... *de* son collier *bagirihu;* ... de son collier *bagidudu* [4], etc. »

Une autre formule plus mythique [5], plus curieuse, mais d'un type plus commun, exprime la même idée. Le partenaire du kula a un animal auxiliaire, un crocodile qu'il invoque et qui doit lui apporter les colliers (à Kitava, les mwali).

Crocodile tombe dessus, emporte ton homme, pousse-le sous le *gebobo* (cale à marchandise du canot).

Crocodile, apporte-moi le collier, apporte-moi le *bagido'u,* le *bagiriku,* etc...

Une formule précédente du même rituel invoque un oiseau de proie [6].

La dernière formule d'enchantement des associés et contractants (à Dobu ou à Kitava, par les gens de Kiriwina) contient un couplet [1] dont deux interprétations sont données. Le

---

contrat. Les jeux de mots sur « ici » et « là-bas » sont représentés fort simplement par les sons m et w, sortes de formatifs; ils sont très fréquents en magie.

Puis vient la deuxième partie de l'exorde : « Je suis l'homme unique, le chef unique, etc. » Mais elle n'est intéressante qu'à d'autres points de vue, celui du potlatch en particulier.

[1] Le mot qui est ainsi traduit est, cf. p. 449, munumwagnise, réduplicatif de mwana ou mwayna qui exprime le « itching » ou « state of excitement ».

[2] Je suppose qu'il devait y avoir un vers de ce genre parce que M. Malinowski dit formellement, p. 340, que ce mot principal du charme désigne l'état d'esprit dont est envahi le partenaire et qui lui fera donner de généreux cadeaux.

[3] Généralement Imposé en vue du kula et des s'oi, fêtes funéraires, en vue d'assembler les aliments et noix d'arec nécessaires, ainsi que les objets précieux. Cf. pp. 347 et 350. L'enchantement s'étend aux aliments.

[4] Noms divers des colliers. Ils ne sont pas analysés dans cet ouvrage.

Ces noms se composent de bagi, collier (p. 351), et de divers mots. Suivent d'autres noms spéciaux de colliers, également enchantés.

Comme cette formule est une formule du kula de Sinaketa où l'on cherche des colliers et laisse des bracelets, on ne parle que des colliers. La même formule s'emploie dans le kula de Kiriwina ; mais alors, comme c'est là qu'on cherche des bracelets, ce seraient les noms des différentes sortes de bracelets qui seraient mentionnés, le reste de la formule restant identique.

La conclusion de la formule est, elle aussi, Intéressante, mais encore une fois, seulement du point de vue du potlatch : « Je « vais kula » (faire mon commerce), je vais tromper mon kula (mon partenaire). Je vais voler mon kula, je vais piller mon kula, je vais kula tant que mon bateau coulera... Ma renommée est un tonnerre. Mon pas, un tremblement de terre. » La clausule a des apparences étrangement américaines. Il en est d'analogues aux Salomon. V. plus loin.

[5] P. 344, commentaire p. 345. Ln fin de la formule est la même que celle que nous venons de citer : « je vais « kula », etc.

[6] P. 343. Cf. p. 449, texte du premier vers avec commentaire grammatical.

rituel est d'ailleurs très long ; il est longuement répété ; il a pour but d'énumérer tout ce que le kula proscrit, toutes les choses de haine et de guerre, qu'il faut conjurer pour pouvoir commencer entre amis.

> Ta furie, le chien renifle,
> Ta peinture de guerre, le chien renifle,
> Etc.

D'autres versions disent [2] :

> Ta furie, le chien est docile, etc.

ou bien :

> Ta furie part comme la marée, le chien joue;
> Ta colère part comme la marée, le chien joue;
> Etc.

Il faut entendre : « Ta furie devient comme le chien qui joue. » L'essentiel est la métaphore du chien qui se lève et vient lécher la main du maître. Ainsi doit faire l'homme, sinon la femme de Dobu. Une deuxième interprétation, sophistiquée, non exempte de scolastique, dit M. Malinowski, mais évidemment bien indigène, donne un autre commentaire qui coïncide mieux avec ce que nous savons de reste : « Les chiens jouent nez à nez. Quand vous mentionnez ce mot de chien, comme il est prescrit depuis longtemps, les choses précieuses viennent de même (jouer). Nous avons donné des bracelets, des colliers viendront, les uns et les autres se rencontreront (comme des chiens qui viennent se renifler). » L'expression, la parabole est jolie. Tout le plexus de sentiments collectifs y est donné d'un coup : la haine possible des associés, l'isolement des vaygu'a cessant par enchantement ; hommes et choses précieuses se rassemblant comme des chiens qui jouent et accourent à la voix.

Une autre expression symbolique est celle du mariage des mwali, bracelets, symboles féminins, et des soulava, colliers, symbole masculin, qui tendent l'un vers l'autre, comme le mâle vers la femelle [3].

Ces diverses métaphores signifient exactement la même chose que ce qu'exprime en d'autres termes la jurisprudence mythique des Maori. Sociologiquement, c'est, encore une fois, le mélange des choses, des valeurs, des contrats et des hommes qui se trouve exprimé [1].

---

[1] P. 348. Ce couplet vient après une série de vers (p. 347). « Ta furie, homme de Dobu, se retire (comme la mer). » Puis suit la même série avec « Femme de Dobu ». Cf. plus loin. Les femmes de Dobu sont tabou, tandis que celles de Kiriwina se prostituent aux visiteurs. La seconde partie de l'incantation est du même type.

[2] pp. 348, 349.

[3] p. 356, peut-être y a-t-il là un mythe d'orientation.

Malheureusement, nous connaissons mal la règle de droit qui domine ces transactions. Ou bien elle est inconsciente et mal formulée par les gens de Kiriwina, informateurs de M. Malinowski ; ou bien, étant claire pour les Trobriandais, elle devrait être l'objet d'une nouvelle enquête. Nous ne possédons que des détails. Le premier don d'un *vaygu'a* porte le nom de *vaga* « opening gift [2] ». Il ouvre, il engage définitivement le donataire à un don de retour, le yotile [3], que M. Malinowski traduit excellement par « clinching gift » : le « don qui verrouille » la transaction. Un autre titre de ce dernier don est *kudu*, la dent qui mord, qui coupe vraiment, tranche et libère [4]. Celui-là est obligatoire ; on l'attend, et il doit être équivalent au premier ; à l'occasion, on peut le prendre de force ou par surprise [5] ; on peut [6] se venger [7] par magie, ou tout au moins par injure et ressentiment, d'un yotile mal rendu. Si on est incapable de le rendre, on peut à la rigueur offrir un *basi* qui seulement « perce » la peau, ne la mord pas, ne finit pas l'affaire. C'est une sorte de cadeau d'attente, d'intérêt moratoire ; il apaise le créancier ex-donateur ; mais ne libère pas le débiteur [8], futur donateur.

Tous ces détails sont curieux et tout est frappant dans ces expressions ; mais nous n'avons pas la sanction. Est-elle purement morale [9] et magique ? L'individu « dur au kula » n'est-il que méprisé, et éventuellement enchanté ? Le partenaire infidèle ne perd-il pas autre chose : son rang noble ou au moins sa place parmi les chefs ? Voilà ce qu'il faudrait encore savoir.

Mais par un autre côté, le système est typique. Excepté le vieux droit germanique dont nous parlons plus loin, dans l'état actuel de l'observation, de nos connaissances historiques, juridiques et économiques, il serait difficile de rencontrer une pratique du don-échange plus nette, plus complète, plus consciente et d'autre part mieux comprise par l'observateur qui l'enregistre que celle que M. Malinowski a trouvée aux Trobriand [10].

---

[1]   On pourrait se servir ici du terme qu'emploie d'ordinaire M. Lévy-Brühl : « participation ». Mais justement ce terme a pour origine des confusions et des mélanges et en particulier des identifications juridiques, des communions du genre de ceux que nous avons en ce moment à décrire.
         Nous sommes ici au principe et il est inutile de descendre aux conséquences.

[2]   P. 345 sq.

[3]   P. 98.

[4]   Peut-être y a-t-il aussi dans ce mot une allusion à l'ancienne monnaie de défenses de sanglier, p. 353.

[5]   Usage du *lebu, p.* 319. Cf, Mythe, p. 313.

[6]   Plainte violente *(injuria), p.* 357 (v. de nombreux chants de ce genre dans THURNWALD, *Forsch., 1).*

[7]   p. 359. On dit d'un *vaygu'a* célèbre : « Bien des hommes sont morts pour lui. » Il semble, au moins dans un cas, celui de Dobu (p. 356), que le yotile soit toujours un *mwali*, un bracelet, principe femelle de la transaction : « We do net *kwaypolu* or *pokala* them, they are women, » Mais à Dobu, on ne cherche que des bracelets et il se peut que le fait n'ait pas d'autre signification.

[8]   Il semble qu'il y ait ici plusieurs systèmes de transactions divers et entremêlés. Le *basi* peut être un collier, cf. p. 98, ou un bracelet de moindre valeur. Mais on peut donner en *basi* aussi d'autres objets qui ne sont pas strictement *kula : les* spatules à chaux (pour bétel), les colliers grossiers, les grandes haches polies *(beku), p.* 358, 481, qui sont aussi des sortes de monnaies, interviennent ici.

[9]   pp. 157, 359.

[10]   Le livre de M. Malinowski, comme celui de M. Thurnwald, montre la supériorité de l'observation d'un véritable sociologue. Ce sont d'ailleurs les observations de M. THURNWALD sur le mamoko, tome III, p. 40, etc., la « Trostgabe », à Buin qui nous ont mis sur la voie d'une partie de ces faits.

Le *kula,* sa forme essentielle, n'est lui-même qu'un moment, le plus solennel, d'un vaste système de prestations et de contreprestations qui, en vérité, semble englober la totalité de la vie économique et civile des Trobriand. Le *kula* semble n'être que le point culminant de cette vie, le *kula* international et intertribal surtout ; certes il est un des buts de l'existence et des grands voyages, mais n'y prennent part, en somme, que les chefs et encore seulement ceux des tribus maritimes et plutôt ceux de quelques tribus maritimes. Il ne fait que concrétiser, rassembler bien d'autres institutions.

D'abord, l'échange des *vaygu'a* lui-même s'encadre, lors du *kula,* dans toute une série d'autres échanges d'une gamme extrêmement variée, allant du marchandage au salaire, de la sollicitation à la pure politesse, de l'hospitalité complète à la réticence et à la pudeur. En premier lieu, sauf les grandes expéditions solennelles, purement cérémonielles et compétitives [1], les *uvalaku,* tous les *kula,* sont l'occasion de *gimwali,* de prosaïques échanges, et ceux-ci ne se passent pas nécessairement entre partenaires [2]. Il y a un marché libre entre les individus des tribus alliées à côté des associations plus étroites. En second lieu, entre les partenaires du *kula,* passent, comme une chaîne ininterrompue de cadeaux supplémentaires, donnés et rendus, et aussi de marchés obligatoires. Le *kula* les suppose même. L'association qu'il constitue, qui en est le principe [3], débute par un premier cadeau, le *vaga,* qu'on sollicite de toutes ses forces par des « sollicitoires » ; pour ce premier don, on peut courtiser le partenaire futur encore indépendant, qu'on paye en quelque sorte par une première série de cadeaux [4]. Tandis qu'on est sûr que le *vaygu'a* de retour, le yotile, le verrou sera rendu, on n'est pas sûr que le *vaga* sera donné et les « sollicitoires » même acceptés. Cette façon de solliciter et d'accepter un cadeau est de règle ; chacun des cadeaux qu'on fait ainsi porte un nom spécial ; on les expose avant de les offrir ; dans ce cas, ce sont les « pari » [5]. D'autres portent un titre désignant la nature noble et magique de l'objet offert [6]. Mais accepter l'une de ces offrandes, c'est montrer qu'on est enclin à entrer en jeu, sinon à y rester. Certains noms de

---

[1]   p. 211.

[2]   p. 189. cf. pl. XXXVII. cf, p, 100, « secondary trade ».

[3]   Cf. p. 93.

[4]   Il semble que ces cadeaux portent un nom générique wawoyla, pp. 353-354 ; cf. pp. 360-361,. Cf. Woyla, « kula courting », p. 439, dans une formule magique où sont précisément énumérés tous les objets que peut posséder le futur partenaire et dont l' « ébullition » doit décider le donateur. Parmi ces choses est justement la série des cadeaux qui suit.

[5]   C'est là le terme le plus général : « presentation goods », pp. 439, 205 et 350. Le mot vata'i est celui qui désigne les mêmes cadeaux faits par les gens de Dobu. Cf. p. 391. Ces « arrival gifts » sont énumérés dans la formule : « Mon pot à chaux, cela bout; ma cuillère, cela bout; mon petit panier, cela bout, etc. » (même thème et mêmes expressions, p. 200).
   En plus de ces noms génériques, il y a des noms particuliers pour divers cadeaux de diverses circonstances. Les offrandes de nourriture que les gens de Sinaketa apportent à Dobu (et non vice versa), les poteries, nattes, etc., portent le simple nom de pokala qui correspond assez bien à salaire, offrande, etc. Sont aussi des pokala, les gugu'a, « personal belongings », p. 501, et. pp. 313, 270, dont l'individu se départit pour tâcher de séduire (pokapokala, p. 360) son futur partenaire, cf. p. 369. Il y a dans ces sociétés un très vif sentiment de la différence entre les choses qui sont d'usage personnel et celles qui sont des « properties », choses durables de la famille et de la circulation.

[6]   Ex. p. 313, buna.

ces cadeaux expriment la situation de droit que leur acceptation entraîne [1] : cette fois, l'affaire est considérée comme conclue ; ce cadeau est d'ordinaire quelque chose d'assez précieux : une grande hache de pierre polie par exemple, une cuillère en os de baleine. Le recevoir, c'est s'engager vraiment à donner le *vaga,* le premier don désiré. Mais l'on n'est encore qu'à demi partenaire. Seule, la tradition solennelle engage complètement. L'importance et la nature de ces dons proviennent de l'extraordinaire compétition qui prend place entre les partenaires possibles de l'expédition qui arrive. Ils recherchent le meilleur partenaire possible de la tribu opposée. La cause est grave : car l'association qu'on tend à créer établit une sorte de clan entre les partenaires [2]. Pour choisir, il faut donc séduire, éblouir [3]. Tout en tenant compte des rangs [4], il faut arriver au but avant les autres, ou mieux que les autres, provoquer ainsi de plus abondants échanges des choses les plus riches, qui sont naturellement la propriété des gens les plus riches. Concurrence, rivalité, étalage, recherche de la grandeur et de l'intérêt, tels sont les motifs divers qui sous-tendent tous ces actes [5].

Voilà les dons d'arrivée ; d'autres dons leur répondent et leur équivalent ; ce sont des dons de départ (appelés *talo'i* à Sinaketa) [6], de congé ; ils sont toujours supérieurs aux dons d'arrivée. Déjà le cycle des prestations et contre-prestations usuraires est accompli à côté du *kula.*

Il y a naturellement eu - tout le temps que ces transactions durent - prestations d'hospitalité, de nourriture et, à Sinaketa, de femmes [7]. Enfin, pendant tout ce temps, interviennent d'autres dons supplémentaires, toujours régulièrement rendus. Même, il nous semble que l'échange de ces *korotumna* représente une forme primitive du *kula,* - *lorsqu'il* consistait à échanger aussi des haches de pierre [8] et des défenses recourbées de porc [9].

D'ailleurs, tout le *kula* intertribal n'est à notre sens que le cas exagéré, le plus solennel et le plus dramatique d'un système plus général. Il sort la tribu elle-même tout entière du cercle étroit de ses frontières, même de ses intérêts et de ses droits ; mais normalement, à l'intérieur, les clans, les villages sont liés par des liens de même genre. Cette fois ci, ce sont seulement les groupes locaux et domestiques et leurs chefs qui sortent de chez eux, se

---

[1]   Ex. les kaributu, pp. 344 et 358.

[2]   On dit à M. Malinowski : « mon partenaire, la même chose que mon gentilice (kakaveyogu). Il pourrait combattre contre moi. Mon vrai parent (veyogu), la même chose qu'un cordon ombilical, serait toujours de mon côté » (p. 276).

[3]   C'est ce qu'exprime la magie du kula, le mwasila.

[4]   Les chefs d'expédition et les chefs de canots ont en effet préséance.

[5]   Un mythe amusant, celui de Kasabwaybwayreta, p. 342, groupe tous ces mobiles. On voit comment le héros obtint le fameux collier Gumakarakedakeda, comment il distança tous ses compagnons de kula, etc. V. aussi le mythe de Takasikuna, p. 307.

[6]   P. 390. A Dobu, pp. 362, 365, etc.

[7]   A Sinaketa, pas à Dobu.

[8]   Sur le commerce des haches de pierre, v. SELIGMANN, Melanesians, etc., p. 350 et 353. Les korotumna, Arg., pp. 365, 358, sont d'ordinaire des cuillères en os de baleine décorées, des spatules décorées, qui servent aussi de basi. Il y a encore d'autres dons Intermédiaires.

[9]   Doga, dogina.

rendent visite, commercent et s'épousent. Cela ne s'appelle plus du kula peut-être. Cependant, M. Malinowski, par opposition au « *kula* maritime », parle à juste titre du « k*ula* de l'intérieur » et de « communautés à *kula* » *qui* munissent le chef de ses objets d'échange. Mais il n'est pas exagéré de parler dans ces cas de potlatch proprement dit. Par exemple, les visites des gens de Kiriwina à Kitava pour les fêtes funéraires, s'oi [1], comportent bien d'autres choses que l'échange des *vaygu'a ; on* y voit une sorte d'attaque simulée *(youlawada)* [2], une distribution de nourriture, avec étalage de cochons et d'ignames.

D'autre part, les *vaygu'a* et tous ces objets ne sont pas acquis, fabriqués et échangés toujours par les chefs eux-mêmes [3] et, peut-on dire, ils ne sont ni fabriqués [4] ni échangés par les chefs pour eux-mêmes. La plupart parviennent aux chefs sous la forme de dons de leurs parents de rang inférieur, des beaux-frères en particulier, qui sont en même temps des vassaux [5], ou des fils qui sont fieffés à part. En retour, la plupart des *vaygu'a*, lorsque l'expédition rentre, sont solennellement transmis aux chefs des villages, des clans, et même aux gens du commun des clans associés : en somme à quiconque a pris part directe ou indirecte, et souvent très indirecte, à l'expédition [6]. Ceux-ci sont ainsi récompensés.

Enfin, à côté ou, si l'on veut, par-dessus, par-dessous, tout autour et, à notre avis, au fond, de ce système du *kula* interne, le système des dons échangés envahit toute la vie économique et tribale et morale des Trobriandais. Elle en est « imprégnée », comme dit très bien M. Malinowski. Elle est un constant « donner et prendre [7] ». Elle est comme traversée, par un courant continu et en tous sens, de dons donnés, reçus, rendus, obligatoirement et par intérêt, par grandeur et pour services, en défis et en gages. Nous ne pouvons ici décrire tous ces faits dont M. Malinowski n'a d'ailleurs pas lui-même terminé la publication. En voici d'abord deux principaux.

Une relation tout à fait analogue à celle du *kula* et celle des *wasi* [8]. Elle établit des échanges réguliers, obligatoires entre partenaires de tribus agricoles d'une part, de tribus maritimes d'autre part. L'associé agriculteur vient déposer ses produits devant la maison de son partenaire pêcheur. Celui-ci, une autre fois, après une grande pêche, ira rendre avec

---

[1]   pp. 486 à 491. Sur l'extension de ces usages, dans toutes les civilisations dites de Massim-Nord, v. SELIGMANN, Melan., p. 584. Description du walaga, pp. 594 et 603; cf. Arg., pp. 486-487.

[2]   p. 479.

[3]   p. 472.

[4]   La fabrication et le don des mwali par beaux-frères portent le nom de youlo, pp. 503, 280.

[5]   p. 171 sq. ; cf. p. 98 sq.

[6]   Par exemple pour la construction des canots, le rassemblement des poteries ou les fournitures de vivres.

[7]   p. 167 : « Toute la vie tribale n'est qu'un constant « donner et recevoir » ; toute cérémonie, tout acte légal et coutumier n'est fait qu'avec un don matériel et un contre-don qui l'accompagnent ; la richesse donnée et reçue est l'un des principaux instruments de l'organisation sociale, du pouvoir du chef, des liens de la parenté par le sang et des liens de la parenté par mariage. » Cf. p. 175-176 et passim (v. index : Give and Take).

[8]   Elle est souvent identique à celle du *kula*, les partenaires étant souvent les mêmes, p. 193; pour la description du *wasi*, v. pp. 187-188. Cf. Pl. XXXVI.

usure au village agricole le produit de sa pêche [1]. C'est le même système de division du travail que nous avons constaté en Nouvelle-Zélande.

Une autre forme d'échange considérable revêt l'aspect d'expositions [2]. Ce sont les *sagali,* grandes distributions [3] de nourriture que l'on fait à plusieurs occasions : moissons, construction de la hutte du chef, construction de nouveaux canots, fêtes funéraires [4]. Ces répartitions sont faites à des groupes qui ont rendu des services au chef ou à son clan [5] : culture, transport des grands fûts d'arbres où sont taillés les canots, les poutres, services funèbres rendus par les gens du clan du mort, etc. Ces distributions sont tout à fait équivalentes au potlatch tlingit ; le thème du combat et de la rivalité y apparaît même. On y voit s'affronter les clans et les phratries, les familles alliées, et en général elles semblent être des faits de groupes dans la mesure où l'individualité du chef ne s'y fait pas sentir.

Mais en plus de ces droits des groupes et de cette économie collective, déjà moins voisins du *kula,* toutes les relations individuelles d'échange, nous semble-t-il, sont de ce type. Peut-être seulement quelques-unes sont-elles de l'ordre du simple troc. Cependant, comme celui-ci ne se fait guère qu'entre parents, alliés, ou partenaires du *kula* et du *wasi,* il ne semble pas que l'échange soit réellement libre. Même, en général, ce qu'on reçoit, et dont on a ainsi obtenu la possession - de n'importe quelle façon - on ne le garde pas pour soi, sauf si on ne peut s'en passer ; d'ordinaire, on le transmet à quelqu'un d'autre, à un beau-frère, par exemple [6]. Il arrive que des choses qu'on a acquises et données vous reviennent dans la même journée, identiques.

Toutes les récompenses de prestations de tout genre, de choses et de services, rentrent dans ces cadres. Voici, en désordre, les plus importants.

Les *pokala* [7] et *kaributu* [8], « *sollicitory gifts* » que nous avons vus dans le *kula,* sont des espèces d'un genre beaucoup plus vaste qui correspond assez bien à ce que nous appelons salaire. On en offre aux dieux, aux esprits. Un autre nom générique du salaire, c'est *vakapula* [9], *mapula* [1] : *ce* sont des marques de reconnaissance et de bon accueil et elles

---

[1] L'obligation dure encore aujourd'hui, malgré les inconvénients et les pertes qu'en éprouvent les perliers, obligés de se livrer à la pêche et à perdre des salaires importants pour une obligation purement sociale.

[2] V. Pl. XXXII et XXXIII.

[3] Le mot *sagali* veut dire distribution (comme *hakari* Polynésien), p. 491. Description pp. 147 à 150; pp. 170, 182-183.

[4] V. p. 491.

[5] Ceci est surtout évident dans le cas des fêtes funéraires. Cf. SELIGMANN, *Melanesians, pp.* 594-603.

[6] P. 175.

[7] p. 323 autre terme, kwaypolu, p. 356.

[8] pp. 378-379, 354.

[9] pp. 163, 373. Le vakapula a des subdivisions qui portent des titres spéciaux, par exemple : vewoulo (initial gift) et yomelu (final gift) (ceci prouve l'identité avec le kula, cf. la relation yotile vaga). Un certain nombre de ces paiements porte des titres spéciaux : haribudaboda désigne la récompense de ceux qui travaillent aux canots et en général de ceux qui travaillent, par exemple aux champs, et en particulier pour les paiements finaux pour récoltes (urigubu, dans le cas des prestations annuelles de récolte par un beau-frère, p. 63-65, p. 181), et pour fins de fabrication de colliers, p. 394 et 183. Elle porte aussi le titre de sousala quand elle est

doivent être rendues. A ce propos, M. Malinowski a fait [2], selon nous, une très grande découverte qui éclaire tous les rapports économiques et juridiques entre les sexes à l'intérieur du mariage : les services de toutes sortes rendus à la femme par le mari sont considérés comme un salaire-don pour le service rendu par la femme lorsqu'elle prête ce que le Koran appelle encore « le champ ».

Le langage juridique un peu puéril des Trobriandais a multiplié les distinctions de noms pour toutes sortes de contre-prestations suivant le nom de la prestation récompensée [3], de la chose donnée [4], de la circonstance [5], etc. Certains noms tiennent compte de toutes ces considérations ; par exemple, le don fait à un magicien, ou pour l'acquisition d'un titre, s'appelle *laga* [6]. On ne saurait croire à quel degré tout ce vocabulaire est compliqué par une étrange inaptitude à diviser et à définir, et par d'étranges raffinements de nomenclatures.

---

suffisamment grande (fabrication des disques de Kaloma, p. 373, 183). Youlo est le titre du paiement pour fabrication d'un bracelet. Puwayu est celui de la nourriture donnée en encouragement à l'équipe de bûcherons. V. le joli chant, p. 129 :
    Le cochon, la coco (boisson) et les ignames
    Sont finis et nous tirons toujours... très lourds.

[1] Les deux mots vakapula et mapula sont des modes différents du verbe pula, vaka étant évidemment le formatif du causatif. Sur le mapula, v. p. 178 sq., 182 sq. M. Malinowski traduit souvent par « repayment ». Il est en général comparé à un « emplâtre »; car il calme la peine et la fatigue du service rendu, compense la perte de l'objet ou du secret donné, du titre et du privilège cédé.

[2] p. 179. Le nom des « dons pour cause sexuelle » est aussi buwana et sebuwana.

[3] V. notes précédentes : de même Kabigidoya, p. 164, désigne la cérémonie de la présentation d'un nouveau canot, les gens qui la font, l'acte qu'ils exécutent « briser la tête du nouveau canot », etc., et les cadeaux qui, d'ailleurs, sont rendus avec usure. D'autres mots désignent la location du canot, p. 186 ; dons de bienvenue, p. 232, etc.

[4] Buna, dons de « big cowrie shell », p. 317.

[5] Youlo, vaygu'a donné en récompense de travail a nue récolte, p. 280.

[6] pp. 186, 426, etc., désigne évidemment toute contre-prestation usuraire. Car il y a un autre nom ula-ula pour les simples achats de formules magiques (sousala quand les prix-cadeaux sont très importants, p. 183). Ula'ula se dit aussi quand les présents sont offerts aux morts autant qu'aux vivants (p. 183), etc.

AUTRES SOCIÉTÉS MÉLANÉSIENNES

Multiplier les comparaisons avec d'autres points de la Mélanésie n'est pas nécessaire. Cependant quelques détails empruntés ici et là fortifieront la conviction et prouveront que les Trobriandais et les Néo-Calédoniens n'ont pas développé de façon anormale un principe qui ne se retrouverait pas chez les peuples parents.

A l'extrémité sud de la Mélanésie, à Fiji, où nous avons identifié le potlatch, sont en vigueur d'autres institutions remarquables qui appartiennent au système du don. Il y a une saison, celle du *kere-kere,* pendant laquelle on ne peut rien refuser à personne [1] : Des dons sont échangés entre les deux familles lors du mariage [2], etc. De plus la monnaie de Fiji, en dents de cachalot, est exactement du même genre que celle des Trobriands. Elle porte le titre de *tambua* [3] ; elle est complétée par des pierres (mères des dents) et des ornements, sortes de « mascottes », talismans et « porte-bonheur » de la tribu. Les sentiments nourris par les Fijiens à l'égard de leurs *tambua* sont exactement les mêmes que ceux que nous venons de décrire : « On les traite comme des poupées ; on les sort du panier, les admire et parle de leur beauté ; on huile et polit leur mère [4]. » Leur présentation constitue une requête ; les accepter, c'est s'engager [5].

Les Mélanésiens de la Nouvelle-Guinée et certains des Papous influencés par eux appellent leur monnaie du nom de tau-tau [6] ; elle est du même genre et l'objet des mêmes croyances que la monnaie des Trobriand [7]. Mais il faut rapprocher ce nom aussi de *tahu-tahu* [8] qui signifie le « prêt de porcs » (Motu et Koita). Or, ce nom [9] nous est familier. C'est

---

[1]   BREWSTER, Hill Tribes of Fiji, 1922, pp. 91-92.

[2]   Ibid., p. 191.

[3]   Ibid., p. 23. On reconnaît le mot tabou, tambu.

[4]   Ibid., p. 24.

[5]   Ibid., p. 26.

[6]   SELIGMANN, The Melanesians (glossaire, pp. 754 et 77, 93, 94, 109, 204).

[7]   V. la description des doa, ibid., pp. 89, 71, 91, etc.

[8]   Ibid., pp. 95 et 146.

[9]   Les monnaies ne sont pas les seules choses de ce système des dons que ces tribus du golfe de Nouvelle-Guinée appellent d'un nom identique au mot polynésien de même sens. Nous avons signalé déjà plus haut l'identité des hakari néo-zélandais, et des hekarai, fêtes expositions de nourriture que M. SELIGMANN nous a décrits en Nouvelle-Guinée (Motu et Keita), v. The Melanesians, pp. 144-145, pl. XVI-XVIII.

le terme même polynésien, racine du mot *taonga,* à Samoa et en Nouvelle-Zélande, joyaux et propriétés incorporés à la famille. Les mots eux-mêmes sont polynésiens comme les choses [1].

On sait que les Mélanésiens et les Papous de la NouvelleGuinée ont le potlatch [2].

Les beaux documents que M. Thurnwald nous transmet sur les tribus de Buin [3] et sur les Banaro [4], nous ont fourni déjà de nombreux points de comparaison. Le caractère religieux des choses échangées y est évident, en particulier, celui de la monnaie, de la façon dont elle récompense les chants, les femmes, l'amour, les services ; elle est, comme aux Trobriand, une sorte de gage. Enfin M. Thurnwald a analysé, en un cas d'espèce bien étudié [5], l'un des faits qui illustrent le mieux à la fois ce que c'est que ce système de dons réciproques et ce que l'on appelle improprement le mariage par achat : celui-ci, en réalité, comprend des prestations en tous sens, y compris celles de la bellefamille : on renvoie la femme dont les parents n'ont pas fait des présents de retour suffisants.

En somme, tout le monde des îles, et probablement une partie du monde de l'Asie méridionale qui lui est apparenté, connaît un même système de droit et d'économie.

L'idée qu'il faut se faire de ces tribus mélanésiennes, encore plus riches et commerçantes que les polynésiennes, est donc très différente de celle qu'on se fait d'ordinaire. Ces gens ont une économie extra-domestique et un système d'échange fort développé, à battements plus intenses et plus précipités peut-être que celui que connaissaient nos paysans ou les villages de pêcheurs de nos côtes il n'y a peut-être pas cent ans. Ils ont une vie économique étendue, dépassant les frontières des îles, et des dialectes, un commerce considérable. Or ils remplacent vigoureusement, par des dons faits et rendus, le système des achats et des ventes.

Le point sur lequel ces droits, et, on le verra, le droit germanique aussi, ont buté, c'est l'incapacité où ils ont été d'abstraire et de diviser leurs concepts économiques et juridiques. Ils n'en avaient pas besoin, d'ailleurs. Dans ces sociétés : ni le clan, ni la famille ne savent ni se dissocier ni dissocier leurs actes ; ni les individus eux-mêmes, si influents et si conscients qu'ils soient, ne savent comprendre qu'il leur faut s'opposer les uns aux autres et qu'il faut qu'ils sachent dissocier leurs actes les uns des autres. Le chef se confond avec son clan et celui-ci avec lui ; les individus ne se sentent agir que d'une seule façon. M. Holmes remarque finement que les deux langages, l'un papou, l'autre mélanésien, des tribus qu'il connaît à l'embouchure de la Finke (Toaripi et Namau), n'ont qu' « un seul terme pour désigner l'achat et la vente, le prêt et l'emprunt ». Les opérations « antithétiques sont exprimées par le même

---

[1] V. plus haut. Il est remarquable que le mot tun, dans le dialecte de Mota (îles Banks) -évidemment identique à taonga - ait le sens d'acheter (en particulier une femme). CODRINGTON, dans le mythe de Qat achetant la nuit (Melanesian Languages, p. 307-308, no 9), traduit : « acheter à un grand prix ». En réalité c'est un achat fait suivant les règles du potlatch, bien attesté en cette partie de la Mélanésie

[2] V. Documents cités dans Année Sociologique, XII, p. 372.

[3] V. surtout Forsch., III, pp. 38 à 41.

[4] Zeilschrift für Ethnologie, 1922.

[5] Forsch. III, pl. 2, no 3.

mot [1] ». « Strictement parlant, ils ne savaient pas emprunter et prêter dans le sens où nous employons ces termes, mais il y avait toujours quelque chose de donné en forme d'honoraires pour le prêt et qui était rendu lorsque le prêt était rendu [2]. » *Ces* hommes n'ont ni l'idée de la vente, ni l'idée du prêt et cependant font des opérations juridiques et économiques qui ont même fonction.

De même, la notion de troc n'est pas plus naturelle aux Mélanésiens qu'aux Polynésiens.

Un des meilleurs ethnographes, M. Kruyt, tout en se servant du mot vente nous décrit avec précision [3] cet état d'esprit parmi les habitants des Célèbes centrales. Et cependant, les Toradja sont depuis bien longtemps au contact des Malais, grands commerçants.

Ainsi une partie de l'humanité, relativement riche, travailleuse, créatrice de surplus importants, a su et sait changer des choses considérables, sous d'autres formes et pour d'autres raisons que celles que nous connaissons.

III

NORD-OUEST AMÉRICAIN
L'HONNEUR ET LE CRÉDIT

De ces observations sur quelques peuples mélanésiens et polynésiens se dégage déjà une figure bien arrêtée de ce régime du don. La vie matérielle et morale, l'échange, y fonctionnent sous une forme désintéressée et obligatoire en même temps. De plus, cette obligation s'exprime de façon mythique, imaginaire ou, si l'on veut, symbolique et collective: elle prend l'aspect de l'intérêt attaché aux choses échangées : celles-ci ne sont jamais complètement détachées de leurs échangistes ; la communion et l'alliance qu'elles établissent sont relativement indissolubles. En réalité, ce symbole de la vie sociale - la permanence d'influence des choses échangées - ne fait que traduire assez directement la manière dont les sous-

---

[1]   In primitive New-Guinea, 1924, p. 294.

[2]   Au fond, M. Holmes nous décrit assez mal le système des dons intermédiaires, v. plus haut basi.

[3]   V. le travail cité plus haut. L'incertitude du sens des mots que nous traduisons mal : « acheter, vendre », n'est pas particulière aux sociétés du Pacifique. Nous reviendrons plus loin sur ce sujet, mais dès maintenant nous rappelons que, même dans notre langage courant, le mot vente désigne aussi bien la vente que l'achat, et qu'en chinois il n'y a qu'une différence de ton entre les deux monosyllabes qui désignent l'acte de vendre et l'acte d'acheter.

groupes de ces sociétés segmentées, de type archaïque, sont constamment imbriqués les uns dans les autres, et sentent qu'ils se doivent tout.

Les sociétés indiennes du nord-ouest américain présentent les mêmes institutions, seulement elles sont encore chez elles plus radicales et plus accentuées. D'abord, on dirait que le troc y est inconnu. Même après un long contact avec les Européens [1], il ne semble pas qu'aucun des considérables transferts de richesses [2] qui s'y opèrent constamment se fasse autrement que dans les formes solennelles du potlatch [3]. Nous allons décrire cette dernière institution à notre point de vue.

N. B. - Auparavant une courte description de ces sociétés est indispensable. Les tribus, peuples ou plutôt groupes de tribus [4] dont nous allons parler résident toutes sur la côte du nord-ouest amé. ricain, de l'Alaska [*] : Tlingit et Haïda; et de la Colombie britannique, principalement Haïda, Tsimshian et Kwakiutl [5]. Elles aussi vivent de la mer, ou sur les fleuves, de

---

[1]   Avec les Russes depuis le XVIIIe siècle et les trapeurs canadiens français depuis le début du XIXe.

[2]   Voir cependant des ventes d'esclaves : Swanton, Haida Texts and Myths, in Bur. Am. Ethn. Bull., 29, p. 410.

[3]   Une bibliographie sommaire des travaux théoriques concernant ce potlatch » est donnée plus haut.

[4]   Ce tableau succinct est tracé sans justification, mais il est nécessaire. Noirs prévenons qu'il n'est complet ni au point de vire même du nombre et du nom des tribus. ni au point de vue de leurs institutions.

   Nous faisons abstraction d'un grand nombre de tribus, principalement des suivantes: 1° Nootka (groupe Wakash, ou Kwakiutl), Bella Kula (voisine);

   2° tribus Salish de la côte sud. D'autre part, les recherches concernant l'extension du potlatch devraient être poussées plus au sud, jusqu'en Californie. Là - chose remarquable à d'autres points de vue - l'institution semble répandue dans les sociétés des groupes dits Penutia et Hoka : v. par ex. Powers, Tribes of California (Contrib. to North Amer. Ethn., III), p. 153 (Pomo), p. 238 (Wintun), pp. 303, 311 (Maidu) ; cf. p. 247, 3,25, 332, 333, pour d'autres tribus; observations générales, p. 411.

   Ensuite les institutions et les arts que nous décrivons en quelques mots sont infiniment compliqués, et certaines absences y sont non moins curieuses que certaines présences. Par exemple, la poterie y est inconnue comme dans la dernière couche de la civilisation du Pacifique sud.

[*]   Voir la note précédente.

[5]   Les sources qui permettent l'étude de ces sociétés sont considérables elle, sont d'une remarquable sécurité, étant très abondamment philologiques et composées de textes transcrits et traduits. V. bibliographie soinmaire, dans Davy, Foi jurée, pp. 21, 171 et 215. Ajouter principalement : F. BOAS et G. HUNT, Ethnology of the Kwakiutl (cité dorénavant Ethn. Kwa.), 35th An. Rep. of the Bur. of Amer. Ethnology, 1921, v. compte rendu plus loin ; F. BOAS, Tsimshian Mythology, 31st An. Rep. of the Bur. of Amer. Ethn., 1916, paru 1923 (cité dorénavant Tsim. Myth.). Cependant toutes ces sources ont un inconvénient : ou bien les anciennes sont insuffisantes, ou bien les nouvelles, malgré leur détail et leur profondeur, ne sont pas assez complètes au point de vue qui nous occupe. C'est vers la civilisation matérielle, vers la linguistique et la littérature mythologique que s'est portée l'attention de M. Boas et de ses collaborateurs de la Jesup Expedition. Même les travaux des ethnographes professionnels plus anciens (Krause, Jacobsen) ou plus récents (MM. Saloir, Hill Tout, etc.) ont Il même direction. L'analyse juridique, économique, la démographie restent sinon à faire du moins à compléter. (Cependant la morphologie sociale est commencée par les divers Census d'Alaska et de la Colombie britannique.) M. Barbeau noirs promet une monographie complète des Tsimshian. Noirs attendons cette information indispensable et nous souhaitons de voir d'ici peu cet exemple imité, tarit qu'il en est temps. Sur de nombreux points concernant l'économie et le droit, les vieux documents : ceux des voyageurs russes, ceux de Krause (Tlinkit Indianer), de DAWSON (sur les Haïda, Kwakiutl, Bellakoola, etc.), la plupart parus dans le Bulletin du Geological Survey dit Canada ou

leur pêche plus que de leur chasse ; mais, à la différence des Mélanésiens et des Polynésiens elles n'ont pas d'agriculture. Elles sont très riches cependant et, même maintenant, leurs pêcheries, leurs chasses, leurs fourrures, leur laissent des surplus importants, surtout chiffrés aux taux européens. Elles ont les plus solides maisons de toutes les tribus américaines, et une industrie du cèdre extrêmement développée. Leurs canots sont bons ; et quoiqu'ils ne s'aventurent guère en pleine mer, ils savent naviguer entre les îles et les côtes. Leurs arts matériels sont très élevés. En particulier, même avant l'arrivée du fer, au XVIIIe siècle, ils savaient recueillir, fondre, mouler et frapper le cuivre que l'on trouve à l'état natif en pays tsimshian et tlingit. Certains de ces cuivres, véritables écus blasonnés, leur servaient de sorte de monnaie. Une autre sorte de monnaie a sûrement été les belles couvertures dites de Chilkat [1], admirablement historiées et qui servent encore d'ornements, certaines ayant une valeur considérable. Ces peuples ont d'excellents sculpteurs et dessinateurs professionnels. Les pipes, masses, cannes, les cuillères de corne sculptées, etc., sont l'ornement de nos collections ethnographiques. Toute cette civilisation est remarquablement uniforme, dans des limites assez larges. Évidemment ces sociétés se sont pénétrées mutuellement à des dates très anciennes, bien qu'elles appartiennent, au moins par leurs langues, à au moins trois différentes familles de peuples [2]. Leur vie d'hiver, même pour les tribus les plus méridionales, est très différente de celle d'été. Les tribus ont une double morphologie : dispersées dès la fin du printemps, à la chasse, à la cueillette des racines et des baies succulentes des montagnes, à la pêche fluviale du saumon, dès l'hiver, elles se reconcentrent dans ce qu'on appelle les « villes ». Et c'est alors, pendant tout le temps de cette concentration, qu'elles se mettent dans un état de perpétuelle effervescence. La vie sociale y devient extrêmement intense, même plus intense que dans les congrégations de tribus qui peuvent se faire à l'été. Elle consiste en une sorte d'agitation perpétuelle. Ce sont des visites constantes de tribus à tribus entières, de clans à clans et de familles à familles. Ce sont des fêtes répétées, continues, souvent chacune elle-même très longue. A l'occasion de mariage, de rituels variés, de promotions, on dépense sans compter tout ce qui a été amassé pendant l'été et l'automne avec grande industrie sur une des côtes les plus riches du monde. Même la vie privée se passe ainsi ; on invite les gens de son clan : quand on a tué un phoque, quand on ouvre une caisse de baies ou de racines conservées; on invite tout le monde quand échoue une baleine.

---

dans les Proceedings of the Royal Society dit Cariada ; Ceux de SWAN (Nootka), Indians of Cape Flattery, Smiths. Contrib. Io Knowledge, 1870 ; ceux de MAYNE, Pour years in British Columbia, Londres, 1862, sont encore les meilleurs et leurs dates leur confèrent une définitive autorité.

Dans la nomenclature de ces tribus, Il y a une difficulté. Les Kwakititl forment une tribu, et donnent aussi leur nom à plusieurs autres tribus, qui, confédérées avec eux, forment une véritable nation de ce nom. Nous nous efforcerons de mentionner de quelle tribu kwakiutl nous parlons à chaque fois. Quand il ne sera pas autrement précisé, c'est des Kwakiutl proprement dits qu'il s'agira. Le mot kwakiutl veut d'ailleurs dire simplement riche, « fumée du monde », et indique déjà par lui-même l'importance des faits économiques que nous allons décrire.

Nous ne reproduirons pas tous les détails d'orthographe des mots de ces langues.

[1] Sur les couvertures de Chilkat, Emmons, The Chilkat Blanket, Mem. of the Amer. Mus. of Nat. Hist., III.

[2] V. Rivet, dans MEILLET et COHEN, Langues du Monde, p. 616 sq. C'est M. SAPIR, Na-Déné Languages, American Anthropologist, 1915, qui a définitivement réduit le tlingit et le haïda à des branches de la souche athapascane.

La civilisation morale est, elle aussi, remarquablement uniforme, quoique s'étageant entre le régime de la phratrie (Tlingit et Haïda) à descendance utérine, et le clan à descendance masculine mitigée des Kwakiutl, les caractères généraux de l'organisation sociale et en particulier du totémisme se retrouvent à peu près les mêmes chez toutes les tribus. Elles ont des confréries, comme en Mélanésie, aux îles Banks, improprement appelées sociétés secrètes, souvent internationales, mais où la société des hommes, et, sûrement chez les Kwakiutl, la société des femmes, recoupent les organisations de clans. Une partie des dons et contreprestations dont nous allons parler est destinée comme en Mélanésie [1] à payer les grades et les ascensions [2] successives dans ces confréries. Les rituels, ceux de ces confréries et des clans, succèdent aux mariages des chefs, aux «ventes des cuivres », aux initiations, aux cérémonies shamanistiques, aux cérémonies funéraires, ces dernières étant plus développées en pays haïda et tlingit. Tout cela accompli au cours d'une série indéfiniment rendue de « potlatch ». Il y a des potlatch en tout sens, répondant à d'autres potlatch en tout sens. Comme en Mélanésie, c'est un constant *give and take,* « donner et recevoir ».

Le potlatch lui-même, si typique comme fait, et en même temps si caractéristique de ces tribus, n'est pas autre chose que le système des dons échangés [3]. Il n'en diffère que par la violence, l'exagération, les antagonismes qu'il suscite d'une part, et d'autre part, par une certaine pauvreté des concepts juridiques, par une structure plus simple, plus brute qu'en Mélanésie, surtout chez les deux nations du Nord : Tlingit, Haïda [4].

Le caractère collectif du contrat [5] y apparaît mieux qu'en Mélanésie et en Polynésie. Ces sociétés sont au fond, plus près, malgré les apparences, de ce que nous appelons les prestations totales simples. Aussi les concepts juridiques et économiques y ont-ils moins de netteté, de précision consciente. Cependant, dans la pratique, les principes sont formels et suffisamment clairs.

---

[1]   Sur ces paiements pour acquisitions de grades, v. DAVY, Foi jurée, pp. 300-305. Pour la Mélanésie, v. des ex. dans CODRINGTON, Melanesians, p. 106 sq., etc. ; RIVERS, History of the Melanesian Society, I, p. 70 sq.

[2]   Ce mot ascension doit être pris au propre et au figuré. De même que le rituel du vājapeya (védique postérieur) comporte un rituel d'ascension à une échelle, de même les rituels mélanésiens consistent à faire monter le jeune chef sur une plate-forme. Les Snahnaimuq et les Shushwap du nordouest connaissent le même échafaud d'où le chef distribue son potlatch. BOAS, 9th Report on the Tribes of North-Western Canada. Brit. Ass. Adv. Sc., 1891, p. 39 ; Rh Report (B. Ass. Adv. Se., 1894), p. 459. Les autres tribus ne connaissent que la plate-forme où siègent les chefs et les hautes confréries.

[3]   C'est ainsi que les vieux auteurs, Mayne, Dawson, Krause, etc., décrivent son mécanisme. V. en particulier KRAUSE, Tlinkit Indianer, p. 187 sq., une collection de documents de vieux auteurs.

[4]   Si l'hypothèse des linguistiques est exacte et si les Tlingit et Haïda sont simplement des Athapascans qui ont adopté la civilisation du Nord-Ouest (hypothèse dont M. Boas est d'ailleurs peu éloigné), le caractère fruste du potlatch tlingit et haïda s'expliquerait de lui-même. Il est possible aussi que la violence du potlatch du nord-ouest américain provienne du fait que cette civilisation est au point de rencontre des deux groupes de familles de peuples qui l'avaient également - une civilisation venant du sud de la Californie, une civilisation venant d'Asie (sur celle-ci, v. plus haut).

[5]   . Davy, Foi jurée, p. 247 sq.

Deux notions y sont pourtant bien mieux en évidence que dans le potlatch mélanésien ou que dans les institutions plus évoluées ou plus décomposées de Polynésie : c'est la notion de crédit, de terme, et c'est aussi la notion d'honneur [1].

Les dons circulent, nous l'avons vu, en Mélanésie, en Polynésie, avec la certitude qu'ils seront rendus, ayant comme « sûreté » la vertu de la chose donnée qui est elle-même cette « sûreté ». Mais il est, dans toute société possible, de la nature du don d'obliger à terme. Par définition même, un repas en commun, une distribution de kava, un talisman qu'on emporte ne peuvent être rendus immédiatement. Le « temps » est nécessaire pour exécuter toute contre-prestation. La notion de terme est donc impliquée logiquement quand il s'agit de rendre des visites, de contracter des mariages, des alliances, d'établir une paix, de venir à des jeux et des combats réglés, de célébrer des fêtes alternatives, de se rendre les services rituels et d'honneur, de se « manifester des respects » réciproques [2], toutes choses que l'on échange en même temps que les choses de plus en plus nombreuses et plus précieuses, à mesure que ces sociétés sont plus riches.

---

[1]   Sur le potlatch, M. Boas n'a rien écrit de mieux que la page suivante: 12th Report on the North-Western Tribes of Canada. B. A. Adv. Sc., 1898, pp. 54-55 (Cf Fifth Report, p. 38): « Le système économique des Indiens de la colonie britannique est largement basé sur le crédit tout autant que celui des peuples civilisés. Dans toutes ses entreprises, l'Indien se fie à l'aide de ses amis. Il promet de les payer pour cette aide à une date ultérieure. Si cette aide fournie consiste en choses de valeur qui sont mesurées par les Indiens en couvertures comme nous les mesurons, nous, en monnaie, il promet de rendre la valeur du prêt avec intérêt. L'Indien n'a pas de système d'écriture et, par suite, pour donner sûreté à la transaction, elle est faite en public. Contracter des dettes d'un côté, payer des dettes de l'autre côté, c'est le potlatch. Ce système économique s'est développé à un tel point que le capital possédé par tous les individus associés de la tribu excède de beaucoup la quantité de valeurs disponibles qui existe ; autrement dit, les conditions sont tout à fait analogues à celles qui prévalent dans notre société à nous: si nous désirions nous faire payer toutes nos créances, nous trouverions qu'il n'y a à aucun degré assez d'argent, en fait, pour les payer. Le résultat d'une tentative de tous les créanciers de se faire rembourser leurs prêts, c'est une panique désastreuse dont la communauté met longtemps à se guérir.

« Il faut bien comprendre qu'un Indien qui invite tous ses amis et voisins à un grand potlatch, qui, en apparence, gaspille tous les résultats accumulés de longues années de travail, a deux choses en vue que nous ne pouvons reconnaître que sages et dignes de louanges. Son premier objet est de payer ses dettes. Ceci est fait publiquement, avec beaucoup de cérémonie et en manière d'acte notarié. Son second objet est de placer les fruits de son travail de telle sorte qu'il en tire le plus grand profit pour lui aussi bien que pour ses enfants. Ceux qui reçoivent des présents à cette fête, les reçoivent comme prêts qu'ils utilisent dans leurs présentes entreprises, mais après un intervalle de quelques années, il leur faut les rendre avec intérêts au donateur ou à son héritier. Ainsi, le potlatch finit par être considéré par les Indiens comme un moyen d'assurer le bien-être de leurs enfants, s'ils les laissent orphelins lorsqu'ils sont jeunes... »

En corrigeant Vos termes de « dette, paiement, remboursement, prêt », et en les remplaçant par des termes comme : présents faits et présents rendus, termes que M. Boas finit d'ailleurs par employer, on a une idée assez exacte du fonctionnement de la notion de crédit dans le potlatch.

Sur la notion d'honneur, voir BOAS, Seventh Report on the N. W. Tribes, p. 57.

[2]   Expression tlingit : SWANTON, Tlingit Indians, p. 421, etc.

L'histoire économique et juridique courante est grandement fautive sur ce point. Imbue d'idées modernes, elle se fait des idées a priori de l'évolution [1], elle suit une logique soi-disant nécessaire ; au fond, elle en reste aux vieilles traditions. Bien de plus dangereux que cette « sociologie inconsciente » comme l'a appelée M. Simiand. Par exemple, M. Cuq dit encore : « Dans les sociétés primitives, on ne conçoit que le régime du troc ; dans celles qui sont avancées, on pratique la vente au comptant. La vente à crédit caractérise une phase supérieure de la civilisation ; elle apparaît d'abord sous une forme détournée combinaison de la vente au comptant et du prêt [2]. » En fait, le point de départ est ailleurs. Il a été donné dans une catégorie de droits que laissent de côté les juristes et les économistes qui ne s'y intéressent pas ; c'est le don, phénomène complexe, surtout dans sa forme la plus ancienne, celle de la prestation totale que nous n'étudions pas dans ce mémoire ; or, le don entraîne nécessairement la notion de crédit. L'évolution n'a pas fait passer le droit de l'économie du troc à la vente et celle-ci du comptant au terme. C'est sur un système de cadeaux donnés et rendus à terme que se sont édifiés d'une part le troc, par simplification, par rapprochements de temps autrefois disjoints, et d'autre part, l'achat et la vente, celle-ci à terme et au comptant, et aussi le prêt. Car rien ne prouve qu'aucun des droits qui ont dépassé la phase que nous décrivons (droit babylonien en particulier) n'ait pas connu le crédit que connaissent toutes les sociétés archaïques qui survivent autour de nous. Voilà une autre façon simple et réaliste de résoudre le problème des deux « moments du temps » que le contrat unifie, et que M. Davy a déjà étudié [3].

Non moins grand est le rôle que dans ces transactions des Indiens joue la notion d'honneur.

Nulle part le prestige individuel d'un chef et le prestige de son clan ne sont plus liés à la dépense, et à l'exactitude à rendre usurairement les dons acceptés, de façon à transformer en obligés ceux qui vous ont obligés. La consommation et la destruction y sont réellement sans bornes. Dans certains potlatch on doit dépenser tout ce que l'on a et ne rien garder [4]. C'est à qui sera le plus riche et aussi le plus follement dépensier. Le principe de l'antagonisme et de la rivalité fonde tout. Le statut politique des individus, dans les confréries et les clans, les rangs de toutes sortes s'obtiennent par la « guerre de propriété [5] » comme par la guerre, ou

---

[1]   On ne s'est pas aperçu que la notion de terme était non seulement aussi ancienne, mais aussi simple ou, si l'on veut, aussi complexe que la notion de comptant.

[2]   Étude sur les contrats de l'époque de la première dynastie babylonienne, Nouv. Rev. Hist. du Droit. 1910, p. 477.

[3]   Davy, Foi jurée, p. 207.

[4]   Distribution de toute la propriété : Kwakiutl, BOAS, Secret Societies and Social Organization of the Kwakiutl Indians, Rep. Amer. Nat. Mus., 1895 (dorénavant cité Sec. Soc.), p. 469. Dans le cas d'initiation du novice, ibid., p. 551, Koskimo. Shushwap : redistribution, BOAS, 7th Rep., 1890, p. 91 ; SWANTON, Tlingit Indians, 21st Ann. Rep. Bur. of. Am. Ethn. (dorénavant, Tlingit), p. 442 (dans un discours) : « Il a tout dépensé pour le faire voir » (son neveu). Redistribution de tout ce qu'on a gagné ait jeu, SWANTON, Texts and Myths or the Tlingit Indians, Bull. no 39 Bur. of Am. Ethn. (dorénavant Tlingit T.M.), p. 139.

[5]   Sur la guerre de propriété, v. le chant de Maa, Sec. Soc., p. 577, p. 602 : « Nous combattons avec de la propriété. » L'opposition, guerre de richesses, guerre de sang, se retrouve dans les discours qui ont été faits

par la chance, ou par l'héritage, par l'alliance et le mariage. Mais tout est conçu comme si c'était une « lutte de richesse [1] ». Le mariage des enfants, les sièges dans les confréries ne s'obtiennent qu'au cours de potlatch échangés et rendus. On les perd au potlatch comme on les perd à la guerre, au jeu, à la course, à la lutte [2]. Dans un certain nombre de cas, il ne s'agit même pas de donner et de rendre, mais de détruire [3], afin de ne pas vouloir même avoir l'air

---

au même potlatch de 1895 à Fort Rupert. V. BOAS et HUNT, Kwakiutl Texts, Ire série, Jesup Expedition, tome III (dorénavant cité Kwa, tome III), p. 485, 482; cf. Sec. Soc., pp. 668 et 673.

[1]   V. particulièrement le mythe de Haïyas (Haïda Texts, Jesup, VI, no 83, Masset), qui a perdu la « face » au jeu, qui en meurt. Ses soeurs et ses neveux prennent le deuil, donnent un potlatch de revanche et il ressuscite.

Il y aurait lieu d'étudier, à ce propos, le jeu qui, même chez nous, n'est pas considéré comme un contrat, mais comme une situation où s'engage l'honneur et où se livrent des biens qu'après tout on pourrait ne pas livrer. Le jeu est une forme du potlatch et du système des dons. Son extension même au nord-ouest américain est remarquable. Quoiqu'il soit connu des Kwakiutl (v. Ethn. Kwa., p. 1394, s. v. ebayu : dés (?) s. v. lepa, p. 1435, cf. lep, p. 1448, « second potlatch, danse »; cf. p. 1423, s. v. maqwacte) il ne semble pas jouer chez eux un rôle comparable à celui qu'il joue chez les Haïda, Tlingit et Tsimshian. Ceux-ci sont des joueurs invétérés et perpétuels. V. des descriptions du jeu de bâtonnets chez les Haïda : SWANTON, Haïda (Jesup Exped., V, I), p. 58 sq., 141 sq., pour les figures et les noms; même jeu chez les Tlingit, description avec noms des bâtonnets : SWANTON, Tlingit, p. 443. Le naq tlingit ordinaire, la pièce qui gagne, équivaut au djîl haïda.

Les histoires sont pleines de légendes de jeux, de chefs qui ont perdu tout au jeu. Un chef tsimshian a perdu même ses enfants et ses parents : Tsim. Myth., p. 207, 101 ; cf. BOAS, ibid., p. 409. Une légende haïda raconte l'histoire d'un jeu total des Tsimshian contre les Haïda. V. Haïda tome M., p. 322. Cf. même légende : les jeux contre Tlingit, ibid., p. 94. On trouvera un catalogue des thèmes de ce genre dans BOAS, Tsim. Myth., p. 847 et 843. L'étiquette et la morale veulent que le gagnant laisse la liberté au perdant, à sa femme et à ses enfants, Tlingit tome M., p. 137. Inutile de souligner la parenté de ce trait avec les légendes asiatiques.

D'ailleurs, il y a ici des influences asiatiques indéniables. Sur l'extension des jeux de hasard asiatiques en Amérique, v. le beau travail de E. B. TYLOR, On American Lot-games, as evidence of Asiatic Intercourse, Bastian Festschr. In suppl. Int. Arch. f. Ethn., 1896, p. 55 sq.

[2]   M. Davy a exposé le thème du défi, de la rivalité. Il faut y ajouter celui du pari. V. par ex. BOAS, Indianische Sagen, pp. 203 à 206. Pari de mangeaille, pari de lutte, pari d'ascension, etc., dans les légendes. Cf. ibid., p. 363, pour catalogue des thèmes. Le pari est encore de nos jours un reste de ces droits et de cette morale. Il n'engage que l'honneur et le crédit, et cependant fait circuler des richesses.

[3]   Sur les potlatch de destruction, v. Davy, Foi jurée, p. 224. Il faut y ajouter les observations suivantes. Donner, c'est déjà détruire, v. Sec. Soc., p. 334. Un certain nombre de rituels de donation comporte des destructions : ex. le rituel du remboursement de la dot ou, comme l'appelle M. Boas, « repaiement de la dette de mariage », comporte une formalité qui s'appelle « couler le canot » : Sec. Soc., pp. 518, 520. Mais cette cérémonie est figurée. Cependant les visites au potlatch haïda et tsimshian comportent la destruction réelle des canots des arrivants. Chez les Tsimshian on le détruit à J'arrivée, après avoir soigneusement aidé au débarquement de tout ce qu'il contenait et on rend de plus beaux canots au départ : BOAS, Tsim. Myth., p. 338.

Mais la destruction proprement dite semble constituer une forme supérieure de dépense. On l'appelle « tuer de la propriété » chez les Tsimshian et les Tlingit. BOAS, Tsim. Myth., p. 344 ; SWANTON, Tlingit, p. 442. En réalité, on donne même ce nom aux distributions de couvertures : « tant de couvertures furent perdues pour le voir », Tlingit, ibid., ibid.

Dans cette pratique de la destruction au potlatch interviennent encore deux mobiles : 1° le thème de la guerre : le potlatch est mie guerre. Il porte ce titre, « danse de guerre », chez les Tlingit, SWANTON, Tlingit, p. 458, cf. p. 436. De la même façon que, dans une guerre, on peut s'emparer des masques, des noms et des privilèges des propriétaires tués, de la même façon dans une guerre de propriétés, on tue la propriété : soit la sienne, pour que les autres ne l'aient pas, soit celle des autres en leur donnant des biens qu'ils seront obligés de rendre ou ne pourront pas rendre.

de désirer qu'on vous rende. On brûle des boîtes entières d'huile d'olachen (candle-fisch, poisson-chandelle) ou d'huile de baleine [1], on brûle les maisons et des milliers de couvertures; on brise les cuivres les plus chers, on les jette à l'eau, pour écraser, pour « aplatir » son rival [2]. Non seulement on se fait ainsi progresser soi-même, mais encore on fait progresser sa famille sur l'échelle sociale. Voilà donc un système de droit et d'économie où se dépensent et se transfèrent constamment des richesses considérables. On peut, si on veut, appeler ces transferts du nom d'échange ou même de commerce, de vente [3] mais ce commerce est noble, plein d'étiquette et de générosité et, en tout cas, quand il est fait dans un autre esprit, en vue de gain immédiat, il est l'objet d'un mépris bien accentué [4].

On le voit, la notion d'honneur qui agit violemment en Polynésie, qui est toujours présente en Mélanésie, exerce ici de véritables ravages. Sur ce point encore, les enseignements classiques mesurent mal l'importance des mobiles qui ont animé les hommes, et tout ce que nous devons aux sociétés qui nous ont précédés. Même un savant aussi averti qu'Huvelin s'est cru obligé de déduire la notion d'honneur, réputée sans efficace, de la notion d'efficace

---

Le deuxième thème est celui du sacrifice. V. plus haut. Si on tue la propriété c'est qu'elle a une vie. V. plus loin. Un héraut dit : « Que notre propriété reste en vie sous les efforts de notre chef, que notre cuivre reste non cassé. » Ethn. Kwa., p. 1285, 1. 1. Petit-être même les sens du mot « yäq » être étendu mort, distribuer un potlatch, cf. Kwa. T., III, p. 59, 1. 3, et Index, Ethn. Kwa., s'expliquent-ils ainsi.

Mais, en principe, il s'agit bien de transmettre, comme dans le sacrifice normal, des choses détruites à des esprits, en l'espèce aux ancêtres du clan. Ce thème est naturellement plus développé chez les Tlingit (SWANTON, Tlingit, pp. 443, 462), chez lesquels les ancêtres non seulement assistent au potlatch et profitent des destructions, mais profitent encore des présents qui sont donnés à leurs homonymes vivants. La destruction par le feu semble être caractéristique de ce thème. Chez les Tlingit, v. mythe très intéressant, Tlingit tome M., p. 82. Haïda, sacrifice dans le feu (Skidegate); SWANTON, Haïda Texts and Myths, Bull. Bur. Am. Ethn., no 29 (dorénavant Haïda T.M.), pp. 36, 28 et 91. Le thème est moins évident chez les Kwakiutl chez lesquels existe cependant une divinité qui s'appelle « Assis sur le feu » et à qui par exemple on sacrifie le vêtement de l'enfant malade, pour la payer - Ethn. Kiva., pp. 705, 706.

[1]   Boas, Sec. Soc., p. 353, etc.

[2]   V. plus loin, à propos du mot p!Es.

[3]   Il semble que les mots même d' « échange » et de « vente » soient étrangers à la langue kwakiutl. Je ne trouve le mot vente dans les divers glossaires de M. Boas qu'à propos de la mise en vente d'un cuivre. Mais cette mise aux enchères n'est rien moins qu'une vente, c'est une sorte de pari, de lutte de générosité. Et quant au mot échange, je ne le trouve que sous la forme L'ay : mais, au texte indiqué Kwa. T., III, p. 77, 1. 41, il s'emploie à propos d'un changement de nom.

[4]   V. l'expression « cupide de nourriture », Ethn. Kwa., p. 1462, « désireux de faire fortune rapidement », ibid., p. 1394; v. la belle imprécation contre les « petits chefs » « Les petits qui délibèrent; les petits qui travaillent; ... qui sont vaincus; ... qui promettent de donner des canots; ... qui acceptent la propriété donnée ; ... qui recherchent la propriété; ... qui ne travaillent que pour la propriété (le terme que traduit « property » est « maneq », rendre une faveur, ibid., p. 1403), les traîtres. » Ibid., p. 1287, lignes 15 à 18, cf. un autre discours où il est dit du chef qui a donné le potlatch et de ces gens qui reçoivent et ne rendent jamais : « il leur a donné à manger, il les a fait venir... il les a mis sur son dos... », ibid., p. 1293 ; cf. 1291. V. une autre imprécation contre « les petits », ibid., p. 1381.

Il ne faut pas croire qu'une morale de ce genre soit contraire à l'économie ni corresponde à une paresse communiste. Les Tsimshian blâment l'avarice et racontent du héros principal, Corbeau (le créateur), comment il fut renvoyé par son père parce qu'il était avare : Tsim. Myth., p. 61, cf. p. 444. Le même mythe existe chez les Tlingit. Ceux-ci blâment également la paresse et la mendicité des hôtes et racontent comment furent punis Corbeau et les gens qui vont de ville en ville se faire inviter : Tlingit M. T., p. 260, cf. 217.

magique [1]. Il ne voit dans l'honneur, le prestige que le succédané de celle-ci. La réalité est plus complexe. Pas plus que la notion de magie, la notion d'honneur n'est étrangère à ces civilisations [2]. Le mana polynésien, lui-même, symbolise non seulement la force magique de chaque être, mais aussi son honneur, et l'une des meilleures traductions de ce mot, c'est : autorité, richesse [3]. Le potlatch tlingit, haïda, consiste à considérer comme des honneurs les services mutuels [4]. Même dans des tribus réellement primitives comme les australiennes, le point d'honneur est aussi chatouilleux que dans les nôtres, et on est satisfait par des prestations, des offrandes de nourriture, des préséances et des rites aussi bien que par des dons [5]. Les hommes ont su engager leur honneur et leur nom bien avant de savoir signer.

Le potlatch nord-ouest américain a été suffisamment étudié pour tout ce qui concerne la forme même du contrat. Il est cependant nécessaire de situer l'étude qu'en ont faite M. Davy

---

[1]   Injuria, Mélanges Appleton; Magie et Droit individuel, Année Soc., X, p. 28.

[2]   On paye pour l'honneur de danser chez les Tlingit : Tl. M. T., p. 141. Paiement du chef qui a composé une danse. Chez les Tsimshian : « On fait tout pour l'honneur... Par-dessus tout est la richesse et l'étalage de vanité »; Boas, Fifth Report, 1899, p. 19, Duncan dans MAYNE, Four Years, p. 265, disait déjà : « pour la simple vanité de la chose ». Au surplus, un grand nombre de rituels, non seulement celui de l'ascension, etc., mais encore ceux qui consistent par exemple à « lever le cuivre » (Kwakititl), Kwa. T., III, p. 499, 1. 26 « lever la lance » (Tlingit), Tl. M. T., p. 117, « lever le poteau de potlatch », funéraire et totémique, « lever la poutre » de la maison, le vieux mât de cocagne, traduisent des principes de ce genre. Il ne faut pas oublier que le potlatch a pour objet de savoir quelle est « la famille la plus « élevée » (commentaires du chef Katishan à propos du mythe du Corbeau, Tlingit, Tl. M. T., p. 119, n. a.).

[3]   TREGEAR, Maori Comparative Dictionary, s. v. Mana.
      Il y aurait lieu d'étudier la notion de richesse elle-même. Du point de vue où nous sommes, l'homme riche est un homme qui a du mana en Polynésie, de l' « auctoritas - à Rome et qui, dans ces tribus américaines, est un homme « large », walas (Ethn. Kwa., p. 1396). Mais nous n'avons strictement qu'à indiquer le rapport entre la notion de richesse, celle d'autorité, de droit de commander à ceux qui reçoivent des cadeaux, et le potlatch : elle est très nette. Par exemple, chez les Kwakiutl, l'un des clans les plus importants est celui des Walasaka (également nom d'une famille, d'une danse et d'une confrérie) : ce nom veut dire « les grands qui viennent d'en haut », qui distribuent au potlatch ; walasila veut dire non seulement richesses, mais encore « distribution de couvertures à l'occasion d'une mise aux enchères d'un cuivre ». Une autre métaphore est celle qui consiste à considérer que l'individu est rendu « lourd » par les potlatch donnés : Sec. Soc., pp. 558, 559. Le chef est dit « avaler les tribus » auxquelles il distribue ses richesses ; il « vomit de la propriété », etc.

[4]   Un chant Mugit, dit de la phratrie du Coi-beau - « C'est elle qui fait les Loups « valuable ». Tl. M. T., p. 398, no 38. Le principe que les « respects » et « honneurs » à donner et à rendre comprennent les dons, est bien précis dans les deux tribus. » SWANTON, Tlingit, p. 451 ; SWANTON, Haïda, p. 162, dispense de rendre certains présents.

[5]   Cf. plus loin (conclusion).
      L'étiquette dit festin, du don qu'on reçoit dignement, qu'on ne sollicite pas est extrêmement marquée dans ces tribus. Indiquons seulement trois faits kwakiutl, Haïda et tsimshian instructifs à notre point de vue : les chefs et nobles aux festins mangent peu, ce sont les vassaux et les gens du commun qui mangent beaucoup ; eux font littéralement « fine bouche » : BOAS, Kwa. Ind., Jesup., V, II, pp. 427, 430 ; dangers de manger beaucoup, Tsim. Myth., pp. 59, 149, 153, etc. (mythes) ; ils chantent au festin, Kwa. Ind., Jesup Exped., V, II, pp. 430, 437. On sonne de la conque, « pour qu'on dise que nous ne mourons pas de faim ». Kwa. T., III, p. 486. Le noble ne sollicite jamais. Le shamane médecin ne demande jamais de prix, son « esprit » le lui défend. Ethn. Kwa., pp. 731, 742 ; Haïda tome M., pp. 238, 239. Il existe cependant confrérie et une danse de « mendicité » chez les Kwakiutl.

et M. Léonhard Adam [1] dans le cadre plus vaste où elle devrait prendre place pour le sujet qui nous occupe. Car le potlatch est bien plus qu'un phénomène juridique : il est un de ceux que nous proposons d'appeler « totaux ». Il est religieux, mythologique et shamanistique, puisque les chefs qui s'y engagent y représentent, y incarnent les ancêtres et les dieux, dont ils portent le nom, dont ils dansent des danses et dont les esprits les possèdent [2]. Il est économique et il faut mesurer la valeur, l'importance, les raisons et les effets de ces transactions énormes, même actuellement, quand on les chiffre en valeurs européennes [3]. Le potlatch est aussi un phénomène de morphologie sociale : la réunion des tribus, des clans et des familles, même celle des nations y produit une nervosité, une excitation remarquables : on fraternise et cependant on reste étranger ; on communique et on s'oppose dans un gigantesque commerce et un constant tournoi [4]. *Nous* passons sur les phénomènes esthétiques qui sont extrêmement nombreux. Enfin, même au point de vue juridique, en plus de ce qu'on a déjà dégagé de la forme de ces contrats et de ce qu'on pourrait appeler l'objet humain du contrat, en plus du statut juridique des contractants (clans, familles, rangs et épousailles), il faut ajouter ceci : les objets matériels des contrats, les choses qui y sont échangées, ont, elles aussi, une vertu spéciale, qui fait qu'on les donne et surtout qu'on les rend.

Il aurait été utile - si nous avions eu assez de place - de distinguer, pour notre exposé, quatre formes du potlatch nord-ouest américain : 1° un potlatch où les phratries et les familles des chefs sont seules ou presque seules en cause (Tlingit) ; 2° un potlatch où phratries, clans, chefs et familles jouent à peu près un égal rôle ; 3° un potlatch entre chefs affrontés par clans (Tsimshian) ; 4° un potlatch de chefs et de confréries (Kwakiutl). Mais il serait trop long de procéder ainsi et de plus, la distinction de trois formes sur quatre (manque la forme tsimshian) a été exposée par M. Davy [5]. Enfin, en ce qui concerne notre étude, celle des trois thèmes du don, l'obligation de donner, l'obligation de recevoir et l'obligation de rendre, ces quatre formes du potlatch sont relativement identiques.

---

[1]   V. Bibliographie plus haut p. 152.

[2]   Les potlatch tlingit et haïda ont spécialement développé ce principe. Cf. Tlingit Indians, p. 443, 462. Cf. discours dans TI. M. T., p. 373 ; les esprits fument, pendant que les invités fument. Cf. p. 385, 1. 9 : « Nous qui dansons ici pour vous, nous ne sommes pas vraiment nous-mêmes. Ce sont nos oncles morts depuis longtemps qui sont en train de danser ici. » Les invités sont des esprits, des porte-chance gona'qadet, ibid., p. 119, note a. En fait, nous avons ici, purement et simplement, la confusion des deux principes du sacrifice et du don ; comparable, sauf petit-être l'action sur la nature, à tous les cas que nous avons déjà cités (plus haut). Donner aux vivants, c'est donner aux morts. Une remarquable histoire tlingit (Tl. M. T., p. 227), raconte qu'un individu ressuscité sait comment on a fait potlatch pour lui ; le thème des esprits qui reprochent aux vivants de n'avoir pas donné de potlatch est courant. Les Kwakiutl ont eu sûrement les mêmes principes. Ex. discours, Ethn. Kwa., p. 788. Les vivants, chez les Tsimshian, représentent les morts : Tate écrit à M. Boas : « Les offrandes apparaissent surtout sous la forme de présents donnés à une fête. » Tsim. Myth., p. 452 (légendes historiques), p. 287. Collection de thèmes, Boas, ibid., p. 846, pour les comparaisons avec les Haïda, Tlingit et Tsimshian.

[3]   V. plus loin quelques exemples de valeur des cuivres.

[4]   Krause, Tlinkit Indianer, p. 240, décrit bien ces façons de s'aborder entre tribus Tlingit.

[5]   DAVY, Foi jurée, p. 171 sq., p. 251 sq. La forme tsimshian ne se distingue pas très sensiblement de la forme Haïda. Peut-être le clan y est-il plus en évidence.

LES TROIS OBLIGATIONS :
DONNER, RECEVOIR, RENDRE

L'obligation de donner est l'essence du potlatch. Un chef doit donner des *potlatch,* pour lui-même, pour son fils, son gendre ou sa fille [1], pour ses morts [2]. Il ne conserve son autorité sur sa tribu et sur son village, voire sur sa famille, il ne maintient son rang entre chefs [3] - nationalement et internationalement - que s'il prouve qu'il est hanté et favorisé des esprits et de la fortune [4], qu'il est possédé par elle et qu'il la possède [5] ; et il ne peut prouver cette fortune qu'en la dépensant, en la distribuant, en humiliant les autres, en les mettant « à l'ombre de son nom [6]. » Le noble kwakiutl et haïda a exactement la même notion de la « face » que le lettré ou l'officier chinois [7]. On dit de l'un des grands chefs mythiques qui ne donnait pas de

---

[1] Il est inutile de recommencer la démonstration de M. Davy à propos de la relation entre le potlatch et le statut politique, en particulier celui du gendre et du fils. Il est également inutile de commenter la valeur communielle des festins et des échanges. Ex. l'échange de canots entre deux esprits fait qu'ils n'ont plus « qu'un seul cœur », l'un étant le beau-père et l'autre étant le gendre : Sec. Soc., p. 387. Le texte, Kwa. T., III, p. 274, ajoute « c'était comme s'ils avaient échangé leur nom ». V. aussi ibid., III, p. 23 dans un mythe de fête Nimkish (autre tribu Kwakiutl), le festin de mariage a pour but d'introniser la fille dans le village « où elle va manger pour la première fois ».

[2] Le potlatch funéraire est attesté et suffisamment étudié chez les Haïda et Tlingit; chez les Tsimshian, il semble être plus spécialement attaché à la fin du deuil, à l'érection du poteau totémique, et à la crémation : Tsim. Myth. p. 534 sq. M. Boas ne nous signale pas de potlatch funéraire chez les Kwakiult, mais on trouve une description d'un potlatch de ce genre dans un mythe : Kwa. Tome III, p. 407.

[3] Potlatch pour maintenir son droit à un blason, SWANTON, Haïda, p. 107. V. histoire de Ieg.ek, Tsim. Myth., 386. Leg.ek est le titre du principal chef tsimshian. V. aussi ibid., p. 364, les histoires du chef Nesbalas, autre grand titre de chef tsimshian, et la façon dont il se moqua du chef Haïmas. L'un des titres de chefs le plus important chez les Kwakiutl (Lewikilaq) est celui de Dabend (Kwa. Tome III, p. 19, 1. 22 ; cf. dabend-gal'ala, Ethn. Kwa., p. 1406, col. I) qui, avant le potlatch, a un nom qui veut dire « incapable de tenir la fin » après le potlatch prend ce nom qui veut dire « capable de tenir la fin ».

[4] Un chef kwakiutl dit : « Ceci est ma vanité ; les noms, les racines de ma famille, tous nies ancêtres ont été des... à (et ici il décline soir nom qui est à la fois un titre et un nota commun), « donateurs de maxwa » (grand potlatch) : Ethn. Kwa., p. 887, 1. 54 ; cf. p. 843, 1. 70.

[5] V. plus loin (dans un discours) : « Je suis couvert de propriétés. Je suis riche de propriétés. Je suis compteur de propriétés. » Ethn. Kwa., p. 1280, 1. 18.

[6] Acheter un cuivre, c'est le mettre « sous le nom , de l'acheteur, BOAS, Sec. Soc., p. 345. Une autre métaphore, c'est que le nom du donateur du potlatch « prend du poids » par le potlatch donné, Sec. Soc., p. 349 ; « perd du poids » par le potlatch accepté, Sec. Soc., p. 345. Il y a d'autres expressions de la même idée, (le la supériorité du donateur sur le donataire : la notion que celui-ci est en quelque sorte un esclave tant qu'il ne s'est pas racheté (« le nom est mauvais » alors, disent les Haïda, SWANTON, Haïda. p. 70 ; Cf. plus loin) ; les Tlingit disent qu' « on met les dons sur le dos des gens qui les reçoivent », SWANTON, Tlingit, p. 428. Les Haïda ont deux expressions bien symptomatiques : « faire aller », « courir vite », son aiguille (cf. l'expression néo-calédonienne, plus haut), et qui signifie, paraît-il, « combattre un inférieur », SWANTON, Haïda, p. 162.

[7] V. l'histoire de Haïmas, comment il perdit sa liberté, ses privilèges, masques et autres, ses esprits auxiliaires, sa famille et ses propriétés, Tsim. Myth., pp. 361, 362.

potlatch qu'il avait la « face pourrie [1] ». Même l'expression est ici plus exacte qu'en Chine.
Car, au nord-ouest américain, perdre le prestige, c'est bien perdre l'âme : c'est vraiment la
« face », c'est le masque de danse, le droit d'incarner un esprit, de porter un blason, un totem,
c'est vraiment la persona, qui sont ainsi mis en jeu, qu'on perd au potlatch [2], au jeu des dons [3]
comme on peut les perdre à la guerre [4] ou par une faute rituelle [5]. Dans toutes ces sociétés, on
se presse à donner. Il n'est pas un instant dépassant l'ordinaire, même hors lés solennités et
rassemblements d'hiver où on ne soit obligé d'inviter ses amis, de leur partager les aubaines
de chasse ou de cueillette qui viennent des dieux et des totems [6] ; où on ne soit obligé de leur

---

[1] Ethn. Kwa., p. 805 ; Hunt, l'auteur kwakiutl de M. Boas, lui écrit : « Je ne sais pas pourquoi le chef
Maxuyalidze (en réalité, « donneur de potlatch »), ne donna jamais une fête. C'est tout. Il était donc appelé
Qelsem, c'est-à-dire Face Pourrie. » Ibid., 1. 13 à 15.

[2] Le potlatch est en effet une chose dangereuse, soit qu'on n'en donne pas, soit qu'on en reçoive. Les
personnes venues à un potlatch mythique en moururent (Haida T., Jesup, VI, p. 626; et. p. 667, même
mythe, Tsimshian). Cf., pour les comparaisons, Boas, Indianische Sagen, p. 356, no 58. Il est dangereux de
participer de la substance de celui qui donne le potlatch : par exemple de consommer à un potlatch des
esprits, dans le mondé d'en bas. Légende kwakiutl (Awikenoq), Ind. Sagen, p. 239. V. le beau mythe du
Corbeau qui sort de sa chair les nourritures (plusieurs exemplaires), Ctatloq, Ind. Sagen, p. 76 ; Nootka,
ibid., p. 106. Comparaisons dans Boas, Tsim. Myth., pp. 694, 695.

[3] Le potlatch est en effet un jeu et une épreuve. Par exemple, l'épreuve consiste à ne pas avoir le hoquet
pendant le festin. « Plutôt mourir que d'avoir le hoquet », dit-on. Boas, Kwakiutl Indians, Jesup Expedition,
vol. V, partie II, p. 428. V. une formule du défi , «]Essayons de les faire vider par nos hôtes (les plats)... »
Ethn. Kwa., p. 991, 1. 43 ; cf. p. 992. Sur l'incertitude de sens entre les mots qui signifient donner de la
nourriture, rendre de la nourriture et revanche y. glossaire (Ethn. Kwa., s. y. yenesa, yenka: donner de la
nourriture, récompenser, prendre sa revanche).

[4] V. plus haut l'équivalence du potlatch et de la guerre. Le couteau au bout du bâton est un symbole du
potlatch kwakiutl, Kwa. Tome III, p. 483. Chez les Tlingit, c'est la lance levée, Tlingit M. T., p. 117. V. les
rituels de potlatch de compensation chez les Tlingit. Guerre des gens de Kloo contre les Tsimshian, Tling.
T. M., pp. 432, 433, n. 34 ; danses pour avoir fait quelqu'un esclave ; potlatch sans danse pour avoir tué
quelqu'un. Cf. plus loin rituel du don du cuivre p. 221, n. 6.

[5] Sur les fautes rituelles chez les Kwakiutl, v. Boas, Sec. Soc., pp. 433, 507, etc. L'expiation consiste
précisément à donner, un potlatch ou au moins un don.

    C'est là, dans toutes ces sociétés, un principe de droit et de rituel extrêmement Important. Une
distribution de richesses joue le rôle d'une amende, d'une propitiation vis-à-vis des esprits et d'un
rétablissement de la communion avec les hommes. Le P. Lambert, Moeurs des sauvages néo-calédoniens,
p. 66, avait déjà remarqué chez les Canaques le droit des parents utérins de réclamer des indemnités
lorsqu'un des leurs Perd de son sang dans la famille de son père. L'institution se retrouve exactement chez
les Tsimshian, Duncan dans MAYNE, Four Years, p. 265 ; et p. 296 (potlatch en cas de perte de sang du
fils). L'institution du muru maori doit probablement être comparée à celle-ci.

    Les potlatch de rachat dé captifs doivent être interprétés de la même façon. Car c'est non seulement
pour reprendre le captif, mais aussi pour rétablir « le nom », que la famille, qui l'a laissé faire esclave, doit
donner un potlatch. V. histoire de Dzebasa, Tsim. Myth., p. 388. Même règle chez les Tlingit, Krause,
Tlinkit Indianer, p. 245 ; PORTER XIth Census, p. 54 ; SWANTON, Tlingit, p. 449.

    Les potlatch d'expiation de fautes rituelles kwakiutl sont nombreux. Mais il faut remarquer le potlatch
d'expiation des parents de jumeaux qui vont travailler, Ethn. Kwa., p. 691. Un potlatch est dû à un beau-
père pour reconquérir une femme qui vous a quitté... évidemment par votre faute. V. vocabulaire, ibid., p.
1423, col. I, bas. Le principe peut avoir un emploi fictif : lorsqu'un chef veut avoir une occasion à potlatch,
il renvoie sa femme chez son beau-père, pour avoir un prétexte à de nouvelles distributions de richesses,
Boas, 5th Report, p. 42.

[6] Une longue liste de ces obligations à fêtes, après pêche, cueillette, chasse, ouverture de bottes de conserves
est donnée au premier volume de Ethn. Kwa., p. 757 sq. ; cf. p. 607 sq., pour l'étiquette, etc.

redistribuer tout ce qui vous vient d'un potlatch dont on a été bénéficiaire [1] ; où on ne soit obligé de reconnaître par des dons n'importe quel service [2], ceux des chefs [3], ceux des vassaux, ceux des parents [4] ; le tout sous peine, au moins pour les nobles, de violer l'étiquette et de perdre leur rang [5].

L'obligation d'inviter est tout à fait évidente quand elle s'exerce de clans à clans ou de tribus à tribus. Elle n'a même de sens que si elle s'offre à d'autres qu'aux gens de la famille, du clan, ou de la phratrie [6], Il faut convier qui peut [7] et veut bien [8] ou vient [9] assister à la fête, au potlatch [10]. L'oubli a des conséquences funestes [11]. Un mythe tsimshian important [12] montre dans quel état d'esprit a germé ce thème essentiel du folklore européen : celui de la mauvaise fée oubliée au baptême et au mariage. Le tissu d'institutions sur lequel il est broché apparaît ici nettement ; on voit dans quelles civilisations il a fonctionné. Une princesse d'un

---

[1] V. plus haut.

[2] V. Tsim. Myth., pp. 512, 439 ; cf. p. 534, pour paiement de services. Kwakiutl, ex. paiement au compteur de couvertures, Sec. Soc., pp. 614, 629 (Nimkish, fête d'été).

[3] Les Tsimshian ont une remarquable institution qui prescrit les partages entre potlatch de chefs et potlatch de vassaux et qui fait la part respective des uns et des autres. Quoique ce soit à l'intérieur des différentes classes féodales recoupées par les clans et phratries que les rivaux s'affrontent, il y a cependant des droits qui s'exercent de classe à classe, BOAS, Tsim. Myth., p. 539.

[4] Paiements à des parents, Tsim. Myth., p. 534 ; cf. Davy, Foi jurée, pour les systèmes opposés chez les Tlingit et les Haïda, des répartitions de potlatch par familles, p. 196.

[5] Un mythe haïda de MASSET (Haïda Texts, Jesup, VI, no 43) raconte comment un vieux chef ne donne pas assez de potlatch ; les autres ne l'invitent plus, il en meurt, ses neveux font sa statue, donnent une fête, dix fêtes en son nom : alors il renaît. Dans un autre mythe de MASSET, ibid., p. 727, un esprit s'adresse à un chef, lui dit : « Tu as trop de propriétés, il faut en faire un potlatch » (wal = distribution, cf. le mot walgal, potlatch). Il construit une maison et paye les constructeurs. Dans un autre mythe, ibid., p. 723, 1. 34, un chef dit : « Je ne garderai rien pour moi », cf. plus loin : « Je ferai potlatch dix fois (wal). »

[6] Sur la façon dont les clans s'affrontent régulièrement (Kwakiutl), BOAS, Sec. Soc., p. 343 ; (Tsimshian), BOAS, Tsim. Myth., p. 497. La chose va de soi en pays de phratrie, v. SWANTON, Haïda, p. 162 ; Tlingit, p. 424. Ce principe est remarquablement exposé dans le mythe de Corbeau, Tlingit T. M., p. 115 sq.

[7] Naturellement, on se dispense d'inviter ceux qui ont dérogé, ceux qui n'ont pas donné de fêtes, ceux qui n'ont pas de noms de fêtes, HUNT, dans Ethn. Kwa., p. 707 ; ceux qui n'ont pas rendu le potlatch, cf. ibid., index, s. v. Waya et Wayapo Lela, p. 1395 ; cf. p. 358, 1. 25.

[8] De là le récit constant - commun également à notre folklore européen et asiatique - du danger qu'il y a à ne pas inviter l'orphelin, l'abandonné, le pauvre survenant. Ex. Indianische Sagen, pp. 301, 303; v. Tsim. Myth., p. 295, 292 : un mendiant qui est le totem, le dieu totémique. Catalogue de thèmes, BOAS, Tsim. Myth., p. 784 sq.

[9] Les Tlingit ont une expression remarquable : les invités sont censés « flotter », leurs canots « errent sur la mer », le poteau totémique qu'ils apportent est à la dérive, c'est le potlatch, c'est l'invitation, qui les arrête, TI. M. T., p. 394, no 22 ; p. 395, no 24 (dans des discours). L'un des titres assez communs de chef kwakiutl, c'est « celui vers qui on pagaie », c'est « la place où on vient », ex. Ethn. Kwa., p. 187, 1. 10 et 15.

[10] L'offense qui consiste à négliger quelqu'un fait que ses parents solidaires s'abstiennent, eux, de venir an potlatch. Dans un mythe tsimshian, les esprits ne viennent pas tant qu'on n'a pas invité le Grand Esprit, ils viennent Lotis quand il est invité, Tsim. *Myth., p. 277.* Une histoire raconte qu'on n'avait pas invité le grand chef Nesbalas, les autres chefs tsimshian ne vinrent pas ; ils disaient « Il est chef, on ne peut se brouiller avec lui. Ibid., p. 357.

[11] L'offense a des conséquences politiques. Ex. potlatch des Tlingit avec les Athapascans de l'Est, SWANTON, Tlingit, p. 435. Cf. Tling. T. M., p. 117.

[12] Tsim. Myth., pp. 170 et 171.

des villages tsimshian a conçu au « pays des loutres » et elle accouche miraculeusement de « Petite Loutre ». Elle revient avec son enfant au village de son père, le Chef. « Petite Loutre » pêche de grands flétans dont son grand-père fait fête à tous ses confrères, chefs de toutes les tribus. Il le présente à tous et leur recommande de ne pas le tuer s'ils le rencontrent à la pêche, sous sa forme animale : « Voici mon petit-fils qui a apporté cette nourriture pour vous, que je vous ai servie, mes hôtes. » Ainsi, le grand père devint riche de toutes sortes de biens qu'on lui donnait lorsqu'on venait chez lui manger des baleines, les phoques et tous les poissons frais que « Petite Loutre » rapportait pendant les famines d'hiver. Mais on avait oublié d'inviter un chef. Alors, un jour que l'équipage d'un canot de la tribu négligée rencontra en mer « Petite Loutre » qui tenait dans sa gueule un grand phoque, l'archer du canot tua « Petite Loutre » et prit le phoque. Et le grand-père et les tribus cherchèrent « Petite Loutre » jusqu'à ce qu'on apprît ce qui était arrivé à la tribu oubliée. Celle-ci s'excusa ; elle ne connaissait pas « Petite Loutre ». La princesse sa mère mourut de chagrin ; le chef involontairement coupable apporta au chef grand-père toutes sortes de cadeaux en expiation. Et le mythe conclut [1] : « C'est pourquoi les peuples faisaient de grandes fêtes lorsqu'un fils de chef naissait et recevait un nom, pour que personne n'en ignorât. » Le potlatch, la distribution des biens est l'acte fondamental de la « reconnaissance » militaire, juridique, économique, religieuse, dans tous les sens du mot. *On* « reconnaît » le chef ou son fils et on lui devient « reconnaissant [2] ».

Quelquefois le rituel des fêtes kwakiutl [3] et des autres tribus de ce groupe exprime et principe de l'invitation obligatoire. Il arrive qu'une partie des cérémonies débute par celle des Chiens. Ceux-ci sont représentés par des hommes masqués *qui* partent d'une maison pour entrer de force dans une autre. Elle commémore cet événement où les gens des trois autres clans de la tribu des Kwakiutl proprement dits négligèrent d'inviter le plus haut placé des clans d'entre eux, les Guetela [4], Ceux-ci ne voulurent pas rester « profanes », ils entrèrent dans la maison de danse et détruisirent tout.

L'obligation de recevoir ne contraint pas moins. On n'a pas le droit de refuser un don, de refuser le potlatch [5]. Agir ainsi c'est manifester qu'on craint d'avoir à rendre, c'est craindre d'être « aplati » tant qu'on n'a pas rendu. En réalité, c'est être « aplati » déjà. C'est « perdre le poids » de son nom [6] ; c'est ou s'avouer vaincu d'avance [7], ou, au contraire, dans certains cas,

---

[1] M. Boas met en note cette phrase du texte de Tate, son rédacteur indigène, ibid., p. 171, n. a. Il faut au contraire souder la moralité du mythe au mythe lui-même.

[2] Cf. le détail du mythe tsimshian de Negunàks, ibid., p. 287 sq. et les notes de la page 846 pour les équivalents de ce thème.

[3] Ex. l'invitation à la fête des cassis, le héraut dit : « Nous vous invitons, vous qui n'êtes pas venus. » Ethn. Kwa., p. 752.

[4] Boas, Sec. Soc., p. 543.

[5] Chez les Tlingit, les invités qui ont tardé deux ans avant de venir au potlatch auquel ils étaient invités sont des « femmes ». TI. M. T., p. 119, n. a.

[6] Boas, Sec. Soc., p. 345.

[7] Kwakiutl. On est obligé de venir à la fête des phoques, quoique la graisse en fasse vomir, Ethn. Kwa., p. 1046; et. p. 1048 : « essaye de manger tout ».

se proclamer vainqueur et invincible [1]. Il semble, en effet, au moins chez les Kwakiutl, qu'une position reconnue dans la hiérarchie, des victoires dans les potlatch antérieurs permettent de refuser l'invitation ou même, quand on est présent, de refuser le don, sans que guerre s'ensuive. Mais alors, le potlatch est obligatoire pour celui qui a refusé ; en particulier, il faut rendre plus riche la fête de graisse où précisément ce rituel du refus peut s'observe [2]. Le chef qui se croit supérieur refuse la cuillère pleine de graisse qu'on lui présente ; il sort, va chercher son « cuivre » et revient avec ce cuivre « éteindre le feu » (de la graisse). Suit une série de formalités qui marquent le défi et qui engagent le chef qui -a refusé à donner lui-même un autre potlatch, une autre fête de graisse [3]. Mais en principe, tout don est toujours accepté et même loué [4]. On doit apprécier à haute voix la nourriture préparée pour vous [5]. Mais, en l'acceptant, on sait qu'on s'engage [6]. On reçoit un don « sur le dos [7] ». On fait plus que de bénéficier d'une chose et d'une fête, on a accepté un défi ; et on a pu l'accepter parce qu'on a la certitude de rendre [8], de prouver qu'on n'est pas inégal [9]. En s'affrontant ainsi, les chefs -arrivent à se mettre dans des situations comiques, et sûrement senties comme telles. Comme dans l'ancienne Gaule on en Germanie, comme en nos festins d'étudiants, de troupiers ou de paysans, :on s'engage à avaler des quantités de vivre, à « faire honneur » de façon grotesque à celui qui vous invite. On s'exécute même quand on n'est que l'héritier de

---

[1] C'est pourquoi on s'adresse quelquefois avec crainte à ses invités ; car s'ils repoussaient l'offre, c'est qu'ils se manifesteraient supérieurs. Un chef kwakiutl dit à un chef koskimo (tribu de même nation): « Ne refusez pas mon aimable offre ou je serai honteux, ne repoussez pas mon cœur, etc. Je ne suis pas de ceux qui prétendent, de ceux qui ne donnent qu'à ceux qui leur achèteront (= donneront). Voilà, mes amis. » Boas, Sec. Soc., p. 546.

[2] Boas, Sec. Soc., p. 355.

[3] V. Ethn. Kwa., p. 774 sq., une autre description donnée de la fête des huiles et des baies de salal; elle est de Hunt et semble meilleure; il semble aussi que ce rituel soit employé dans le cas où l'on n'invite pas et où on ne donne pas. Un rituel de fête du même genre, donnée en mépris d'un rival, comporte des chants au tambour (ibid., p. 770 ; cf. p. 764), comme chez les Eskimos.

[4] Formule haïda : Fais la même chose, donne-moi bonne nourriture (dans mythe), Haida Texts, Jesup VI, pp. 685, 686 ; (Kwakiutl), Ethn. Kwa., p, 767, 1. 39 ; p. 738, 1. 32; p. 770, histoire de PoLelasa.

[5] Des chants marquant que l'on n'est pas satisfait sont fort précis (Tlingit), Tlingit M.T., p. 396, no 26, no 29.

[6] Les chefs chez les Tsimshian ont pour règle d'envoyer un messager examiner les cadeaux que leur apportent les invités au potlatch, Tsim. Myth., p. 184 ; cf. p. 430 et 434. D'après un capitulaire de l'an 803, à la cour de Charlemagne, il y avait un fonctionnaire chargé d'une inspection de ce genre. M. Maunier me signale ce fait que mentionnait Démeunier.

[7] V. plus haut. Cf. l'expression latine oere oboeratus, obéré.

[8] Le mythe de Corbeau chez les Tlingit raconte comment celui-ci n'est pas à une fête parce que les autres (la phratrie opposée ; mal traduit par M. Swanton qui aurait dû écrire phratrie opposée au Corbeau) se sont montrés bruyants et ont dépassé la ligne médiane qui, dans la maison (le danse, sépare les deux phratries. 'Corbeau a craint qu'ils ne soient invincibles, TI. M. T., p. 118.

[9] L'inégalité qui est la suite du fait d'accepter est bien exposée dans des discours kwakiutl, Sec. Soc., pp. 355, 667, 1. 17., etc. ; Cf. p. 669, 1. 9.

celui qui a porté le défi [1]. S'abstenir de donner, comme s'abstenir de recevoir [2], c'est déroger - comme s'abstenir de rendre [3].

L'obligation de rendre [4] *est tout le potlatch,* dans la mesure où il ne consiste pas en pure destruction. Ces destructions, elles, très souvent sacrificielles et bénéficiaires pour les esprits, n'ont pas, semble-t-il, besoin d'être toutes rendues sans conditions, surtout quand elles sont l'oeuvre d'un chef supérieur dans le clan ou d'un chef d'un clan déjà reconnu supérieur [5]. Mais normalement le potlatch doit toujours être rendu de façon usuraire et même tout don doit être rendu de façon usuraire. Les taux sont en général de 30 à 100 pour 100 par an, Même si pour un service rendu un sujet reçoit une couverture de son chef, il lui en rendra deux à l'occasion du mariage de la famille du chef, de l'intronisation du fils du chef, etc. Il est vrai que celui-ci à son tour lui redistribuera tous les biens qu'il obtiendra dans les prochains potlatch où les clans opposés lui rendront ses bienfaits.

L'obligation de rendre dignement est impérative [6]. On perd la « face » à jamais si on ne rend pas, ou si on ne détruit pas les valeurs équivalentes [7].

La sanction de l'obligation de rendre est l'esclavage pour dette. Elle fonctionne au moins chez les Kwakiutl, Haïda et Tsimshian. C'est une institution comparable vraiment, en nature et en fonction, au *nexum* romain. L'individu qui n'a pu rendre le prêt ou le potlatch perd son rang et même celui d'homme libre. Quand, chez les Kwakiutl, un individu de

---

[1]   Ex. Tlingit, SWANTON, Tlingit, pp. 440, 441.

[2]   Chez les Tlingit un rituel permet de se faire payer davantage et permet d'autre part à l'hôte de forcer un invité à accepter un cadeau : l'invité non satisfait fait le geste de sortir; le donateur lui offre le double en mentionnant le nom d'un parent mort, SWANTON, Tlingit Indians, p. 442. Il est probable que ce rituel correspond aux qualités qu'ont les deux contractants de représenter les esprits de leurs ancêtres.

[3]   V. discours, Ethn. Kwa., p. 1281 : « Les chefs des tribus ne rendent jamais... ils se disgracient eux-mêmes, et tu t'élèves comme grand chef, parmi ceux qui se sont disgraciés. »

[4]   V. discours (récit historique) lors du potlatch du grand chef Legek (titre du prince des Tsimshian), Tsim. Myth., p. 386; on dit aux Haïda : « Vous serez les derniers parmi les chefs parce que nous n'êtes pas capables de jeter dans la mer des cuivres, comme le grand chef l'a fait. »

[5]   L'idéal serait de donner un potlatch et qu'il ne fût pas rendu. V. dans un discours : « Tu désires donner ce qui ne sera pas rendu. » Ethn. Kwa., p. 1282, 1. 63. L'individu qui a donné un potlatch est comparé à un arbre, à une montagne (et. plus haut p. 72) : « Je suis le grand chef, le grand arbre, vous êtes sous moi... ma palissade... je vous donne de la propriété. » Ibid., p. 1290, strophe 1. « Levez le poteau du potlatch, l'inattaquable, c'est le seul arbre épais, c'est la seule racine épaisse... » Ibid., strophe 2. Les Haïda expriment ceci par la métaphore de la lance. Les gens qui acceptent « vivent de sa lance » (du chef), Huida Texts (MASSET), p. 486. C'est d'ailleurs un type de mythes.

[6]   V. récit d'une insulte pour potlatch mal rendu, Tsim. Myth., p. 314. Les Tsimshian se souviennent toujours des deux cuivres qui leur sont dus par les Wutsenaluk, ibid., p. 364.

[7]   Le « nom » reste « brisé », tant que l'on n'a pas brisé un cuivre d'égale valeur à celui du défi, BOAS, Sec. Soc., p. 543.

mauvais crédit emprunte, il est dit « vendre un esclave ». Inutile de faire encore remarquer l'identité de cette expression et de l'expression romaine [1].

Les Haïda [2] disent même - comme s'ils avaient retrouvé indépendamment l'expression latine - d'une mère qui donne un présent pour fiançailles en bas âge à la mère d'un jeune chef : qu'elle «met un fil sur lui ».

Mais, de même que le « kula » trobriandais n'est qu'un cas suprême de l'échange des dons, de même le potlatch n'est, dans les sociétés de la côte nord-ouest américaine, qu'une sorte de produit monstrueux du système des présents. Au moins en pays de phratries, chez les Haïda et Tlingit, il reste d'importants vestiges de l'ancienne prestation totale, d'ailleurs si caractéristique des Athapascans, l'important groupe de tribus apparentées. On échange des présents à propos de tout, de chaque « service » ; et tout se rend ultérieurement ou même sur le champ pour être redistribué immédiatement [3]. Les Tsimshian ne sont pas très loin d'avoir conservé les mêmes règles [4]. Et dans de nombreux cas, elles fonctionnent même en dehors du potlatch, chez les Kwakiutl [5]. Nous n'insisterons pas sur ce point évident : les vieux auteurs ne décrivent pas le potlatch dans d'autres termes, tellement qu'on peut se demander s'il constitue une institution distincte [6]. Rappelons que chez les Chinook, une des tribus les plus

---

[1] Lorsqu'un individu ainsi discrédité emprunte de quoi faire une distribution ou une redistribution obligatoire, il « engage son nom et l'expression synonyme, c'est « il vend un esclave », BOAS, Sec. Soc., p. 341 cf. Ethn. Kwa., pp. 1451, 1524, s. v. : kelgelgend; cf. p. 1420.

[2] La future peut n'être pas encore née, le contrat hypothèque déjà le jeune homme, SWANTON, Haida, p. 50.

[3] V. plus haut. En particulier, les rites de paix chez les Haïda, Tsimshian et Tlingit, consistent en prestations et contre-prestations immédiates ; an fond, ce sont des échanges (le gages (cuivres blasonnés). et d'otages, esclaves et femmes. Ex. dans guerre de Tsimshian contre Haïda, Haida T. M., p. 395 : « Comme ils eurent des mariages de femmes de chaque côté, avec leurs opposés, parce qu'ils craignaient qu'ils pourraient se fâcher de nouveau, ainsi, il y eut paix. » Dans une guerre de Haïda contre Tlingit. voir un potlatch de compensation, ibid., p. 396.

[4] V. plus haut et en particulier, BOAS, Tsim. Myth., pp. 511, 512.

[5] (Kwakiutl) : une distribution de propriété dans les deux sens, coup sur coup, Boas, Sec. Soc., p. 418 ; repaiement l'année suivante des amendes payées pour fautes rituelles, ibid., p. 596 ; repaiement usuraire du prix d'achat de la mariée, ibid., pp. 365, 366, pp. 518-520, 563, p. 423, 1. 1.

[6] Sur le mot potlatch, v. plus haut p. 38, no I. Il semble d'ailleurs que ni l'idée ni la nomenclature supposant l'emploi de ce terme, n'ont dans les langues du nord-ouest le genre de précision que leur prête le « sabir » angleindien à base de chinook.

En tout cas, le tsimshian distingue entre le yaok, grand potlatch intertribal (BOAS [Taie], Tsim. Myth., p. 537 ; cf. p. 511 ; cf. p. 968, improprement traduit par potlatch) et les autres. Les Haïda distinguent entre le « walgal , et le « sitka », SWANTON, Haida, p. 35, 178, 179, p. 68 (texte de Masset), potlatch funéraire et potlatch pour autres causes.

En kwakiutl, le mot commun au kwakiutl et au chinook « poLa » (rassasier) (Kwa. T. III. p. 211. 1. 13. Pol. rassasié, ibid., III. p. 25, I. 7) semble désigner non pas le potlatch, mais le festin ou l'effet du festin. Le mot « poLas » désigne le donateur du festin (Kwa. T., 2e série; Jesup, tome X, p. 79, 1. 14 ; p, 43, 1. 2) et désigne aussi la place où l'on est rassasié. (Légende du titre de l'un des chefs Dzawadaenoxu.) Cf. Ethn. Kwa., p. 770, 1. 30. Le nom le plus général en kwakiutl, c'est « p!Es », « aplatir » (le, nom du, rival) (index, Ethn. Kwa., s. v.) ou bien les paniers en les vidant (Kwa. T., III, p. 93, 1. 1 ; p. 451, 1. 4). Les grands potlatch tribaux et intertribaux semblent avoir un nom a eux, maxwa (Kwa T., III, p. 451, 1. 15) ; M. Boas dérive, de sa racine ma, deux autres mots, de façon assez invraisemblable : l'un d'eux est mawil, la chambre d'initiation, et l'autre le nom de l'orque (Ethn. Kwa., index, s. v.). -Au fait, chez les Kwakiutl, on trouve une foule de termes techniques pour désigner toutes sortes de potlatch et aussi chacune des diverses sortes de

mal connues, mais qui aurait été parmi les plus importantes à étudier, le mot potlatch veut dire don [1].

---

paiements et de repaiements, ou plutôt de dons et de contre-dons : pour mariages, pour indemnités à shamanes, pour avances, pour intérêts de retard, cri somme pour toutes sortes de distributions et redistributions. Ex. « men(a) », « pick up », Ethn. Kwa., p. 218 : Un petit potlatch auquel des vêtements de jeune fille sont jetés au peuple pour être ramassés par lui »; « payol », « donner un cuivre » ; autre terme pour donner un canot, Ethn. Kwa., p. 1448. Les termes sont nombreux, instables et concrets, et chevauchent les uns sur les autres, comme dans toutes les nomenclatures archaïques.

[1]   V. Barbeau, Le Potlatch, Bull. Soc. Géogr. Québec, 1911, vol. III, p. 278, no 3, pour ce sens et les références indiquées.

LA FORCE DES CHOSES

On peut encore pousser plus loin l'analyse et prouver que dans les choses échangées au potlatch, il y a une vertu qui force les dons à circuler, à être donnés et à être rendus.

D'abord, au moins les Kwakiutl et les Tsimshian font entre les diverses. sortes de propriétés, la môme distinction que les Romains ou les Trobriandais et les Samoans. Pour eux, il y a, d'une part, les objets de consommation et de vulgaire partage [1]. (Je n'ai pas trouvé traces d'échanges.) Et d'autre part, il y a les choses, précieuses de la famille [2], les talismans, les, cuivres blasonnés, les couvertures de peaux ou de tissus armoriés. Cette dernière classe, d'objets se transmet aussi solennellement que se transmettent les femmes clans le mariage, les « privilèges, » au gendre [3], les noms et les gardes aux enfants et aux gendres. Il est même

---

[1] Peut-être aussi de vente.

[2] La distinction de la propriété et des provisions est très évidente en tsimshian, Tsim. Myth., p. 435. M. Boas dit, sans doute d'après Tate, son correspondant : « La possession de ce qui est appelé « rich food », riche nourriture (cf. ibid., p. 406), était essentielle pour maintenir les dignités dans la famille. Mais les provisions n'étaient pas comptées comme constituant de la richesse. La richesse est obtenue par la vente (nous dirions en réalité : dons échangés), de provisions ou d'autres sortes de biens qui, après avoir été accumulés, sont distribués au potlatch. » (Cf. plus haut p. 84, no 9, Mélanésie.)

Les Kwakiutl distinguent de même entre les simples provisions et la richesse-propriété. Ces deux derniers mots sent équivalents. Celle-ci porte, semble-t-il, deux noms, Ethn. Kwa., p. 1454. Le premier est yàq, ou yäq (philologie vacillante de M. Boas), cf. index, s. v., p. 1393 (cf. yàqu, distribuer). Le mot a deux dérivés « yeqala », propriété et « yäxulu », biens talis mans, paraphernaux, cf. les mots dérivés de yä, ibid., p. 1406, L'autre mot est « dedekas », cf. index à Kwa. Tome III, p. 519 ; cf. ibid., p. 473, 1. 31 ; en dialecte de Newettee, daoma, dedemala (index à Ethn. Kwa., s. v.). La racine de ce mot est dâ. Celle-ci a pour sens, curieusement analogues à ceux du radical identique « dâ », indo-européen : recevoir, prendre, porter en main, manier, etc. Même les dérivés sont significatifs. L'un veut dire « prendre un morceau de vêtement d'ennemi pour l'ensorceler », un autre, « mettre en main », « mettre à la maison » (rapprocher les sens de manus et familia, v. plus loin) (à propos de couvertures données en avances d'achat de cuivres, à retourner avec intérêt) ; un autre mot veut dire « mettre une quantité de couvertures sur la pile de l'adversaire, les accepter » en faisant ainsi. Un dérivé de la même racine est encore plus curieux : « dadeka, être jaloux l'un de l'autre », Kwa. T.. p. 133, 1. 22 ; évidemment le sens originel doit être: la chose que l'on prend et qui rend jaloux ; cf. dadego, combattre », sans doute, combattre avec de le propriété.

D'autres mots sont encore de même sens, mais plus précis. Par ex. « propriété dans la maison », mamekas, Kwa. T., III, p. 169, 1. 20.

[3] V. de nombreux discours de transmission, Boas et Hunt, Ethn. Kwa., p. 706 sq.

Il n'est presque rien de moralement et de matériellement précieux (intentionnellement nous n'employons pas le mot : utile) qui ne soit l'objet de croyances de ce genre. D'abord, en effet, les choses morales sont des biens, des propriétés, objet de dons et d'échanges. Par exemple, de même que dans les civilisations plus primitives, australiennes par exemple, on laisse à la tribu à qui on l'a transmis, le corroborree, la représentation qu'on lui a apprise, de même chez les Tlingit, après le potlatch, aux gens qui vous l'ont donné, on « laisse » une danse en échange, SWANTON, Tlingit Indians, p. 442. La propriété essentielle chez les Tlingit, la plus inviolable et celle qui excite la jalousie des gens, c'est celle du nom et du blason totémique, ibid., p. 416, etc. ; c'est d'ailleurs elle qui rend heureux et riche.

inexact de parler dans leur cas d'aliénation. Ils sont objets de prêts plus que de ventes et de véritables cessions. Chez les Kwakiutl, un certain nombre d'entre eux, quoiqu'ils apparaissent au potlatch, ne peuvent être cédés. Au fond, ces il propriétés il sont des *sacra* dont la famille ne se défait qu'à grand'peine et quelquefois jamais.

Des observations plus approfondies feront apparaître la même division des choses chez les Haïda. Ceux-ci ont, en effet, même divinisé la notion de propriété, de fortune, à la façon des Anciens. Par un effort mythologique et religieux assez rare en Amérique, ils se sont haussés à substantialiser une abstraction : « Dame propriété » (les auteurs anglais disent *Property Woman)* dont nous avons mythes et descriptions [1]. Chez eux, elle n'est rien moins que la mère, la déesse souche de la phratrie dominante, celle des Aigles. Mais d'un autre côté, fait étrange, et qui éveille de très lointaines réminiscences du monde asiatique. et antique, elle semble identique à la « reine » [2], à la pièce principale du jeu de bâtonnets, celle

---

Emblèmes totémiques, fêtes et potlatch, noms conquis dans ces potlatch, présents que les autres devront vous rendre et qui sont attachés aux potlatch donnés, tout cela se suit : ex. Kwakiutl, dans un discours : « Et maintenant ma fête va à lui » (désignant le gendre, Sec. Soc., pp. 3,56). Ce sont les « sièges » et aussi les « esprits » des sociétés secrètes qui sont ainsi donnés et rendus (v. un discours sur les rangs des propriétés et la propriété des rangs), Ethn. Kwa., p. 472. Cf. ibid., p. 708, un autre discours : « Voilà votre chant d'hiver, votre danse d'hiver, tout le monde prendra de la propriété sur elle, sur la couverture d'hiver ; ceci est votre chant, ceci est votre danse. » Un seul mot en kwakiutl désigne les talismans de la famille noble et ses privilège : le mot « k!ezo » blason, privilège », ex. Kwa. T., III, p. 122, 1. 32.

Chez les Tsimshian, les masques et chapeaux blasonnés de danse et de parade sont appelés « une certaine quantité de propriété » suivant la quantité donnée au potlatch (suivant les présents faits par les tantes maternelles du chef aux « femmes des tribus ») : Tate dans Boas, Tsim. Myth., p. 541.

Inversement, par exemple chez les Kwakiutl, c'est sur le mode moral que sont conçues les choses et en particulier les deux choses précieuses, talismans essentiels, le « donneur de mort » (halayu) et « l'eau de vie » (qui sont évidemment un seul cristal de quartz), les couvertures, etc., dont nous avons parlé, Dans un curieux dire kwakiutl, tous ces paraphernaux sont identifiés au grand-père, comme il est naturel puisqu'ils ne sont prêtés au gendre que pour être rendus au petit-fils, Boas, Sec. Soc., p. 507.

[1] Le mythe de Djîlaqons se trouve dans SWANTON, Haida, pp. 92, 95, 171. La version de MASSET se trouve dans Haida T., Jesup, VI, pp. 94, 98; celle de SKIDEGATE, Haida T. M., p. 458. Son nom figure dons un certain nombre de noms de famille haida appartenant à la phratrie des aigles. V. SWANTON, Haida, pp. 282, 28.1, 292 et 293. A Masset, le nom de la déesse de la fortune est plutôt Skîl, Haida T., Jesup, VI, p. 665, 1. 28, p. 306 ; cf. index, p. 805. Cf. l'oiseau Skîl, Skirl (SWANTON, Haida, p. 120). Skîltagos veut dire cuivre-propriété, et le récit fabuleux de la façon dont on trouve les « cuivres » se rattache à ce nom, cf. p. 146, fig. 4. Un poteau sculpté représente Djîlqada, son cuivre et son poteau et ses blasons, SWANTON, Haida, p. 125 ; cf. pl. 3, fig. 3. V. des descriptions de Newcombe, ibid., p. 46. Cf. reproduction figurée, ibid., fig. 4. Son fétiche doit être bourré de choses volées et volé lui-même.

Son titre exact c'est, ibid., p. 92, « propriété faisant du bruit ». Et elle a quatre noms supplémentaires, ibid., p. 95. Elle a un fils qui porte le titre de « Côtes de pierre » (en réalité, de cuivre, ibid., pp. 110, 112). Qui la rencontre, elle ou son fils, ou sa fille est heureux au jeu. Elle a une plante magique ; on devient riche si on en mange ; on devient riche également si on touche une pièce de sa couverture, si on trouve des moules qu'elle a mises en rang, etc., ibid., p. 29, 109.

Un de ses noms est « De la propriété se tient dans la maison. » Un grand nombre d'individus porte des titres composés avec Skîl : « Qui attend Skîl », « route vers Skîl ». V. dans les listes généalogiques haïda, E. 13, E. 14; et dans la phratrie du corbeau, B. 14, B. 15, B. 16.

Il semble qu'elle soit opposée à « Femme pestilence », cf. Haida T. M., p. 299.

[2] Sur djîl haïda et näq tlingit, v. plus haut, p. 94, no 3.

qui gagne tout et dont elle porte en partie le nom. Cette déesse se retrouve en pays tlingit [1] et son mythe, sinon son culte,

Se retrouve chez les Tsimshian [2] et les Kwakiutl [3]. L'ensemble de ces choses précieuses constitue le douaire magique ; celui-ci est souvent identique et au donateur et au *récipiendaire,* et aussi à l'esprit qui a doté le clan de ces talismans, ou au héros auteur du clan auquel l'esprit les a donnés [4]. En tout cas, l'ensemble de ces choses est toujours dans toutes ces tribus d'origine spirituelle et de nature spirituelle [5]. De plus, il est contenu dans une botte,

---

[1]   Le mythe se retrouve complet chez les Tlingit, TI. M. T., pp. 173, 292, 368. Cf. SWANTON, Tlingit, p. 460. A Sitka le nom de Skîl est, sans doute, Lenaxxidek. C'est une femme qui a un enfant. On entend le bruit de cet enfant qui tète; on court après lui; si on est griffé par lui et qu'on garde des cicatrices, les morceaux des croûtes de celles-ci rendent les autres gens heureux.

[2]   Le mythe tsimshian est incomplet, Tsim. Myth., p. 154, 197. Comparer les notes de M. BOAS, ibid., pp. 746, 760. M. Boas n'a pas fait l'identification, mais elle est claire. La déesse tsimshian porte un « vêtement de richesse » (garment of wealth).

[3]   Il est possible que le mythe de la Qominoqa, de la (femme) « riche » soit de même origine. Elle semble être l'objet d'un culte réservé à certains clans chez les Kwakiutl, ex. Ethn. Kwa., p. 862. Un héros des Qoexsotenoq porte le titre de « corps de pierre » et devient « propriété sur corps », Kwa. T., III, p. 187 ; cf. p. 247

[4]   V. par ex. le mythe du clan des Orques, BOAS, Handbook of American Languages, I, p. 554 à 559. Le héros auteur du clan est lui-même membre du clan des Orques. « Je cherche à trouver un logwa (un talisman, cf. p. 554, l. 49) de vous », dit-il à un esprit qu'il rencontre, qui a une forme humaine, mais qui est une orque, p. 557, 1. 122. Celui-ci le reconnaît comme de son clan ; il lui donne le harpon à pointe de cuivre qui tue les baleines (oublié dans le texte p. 557) : les orques sont les « killer-whales ». Il lui donne aussi son nom (de potlatch). Il s'appellera « place d'être rassasié », « se sentant rassasié ». Sa maison sera la « maison de l'orque », avec une « orque peinte sur le devant ». « Et orque sera ton plat dans la maison (sera en forme d'orque) et aussi le halayu (donneur de mort) et l' « eau de vie » et le couteau à dents de quartz pour ton couteau à découper » (seront des orques), p. 559.

[5]   Une boîte miraculeuse qui contient une baleine et qui a donné son nom à un héros portait le titre de « richesses venant au rivage », BOAS, Sec. Soc., p. 374. Cf. « de la propriété dérive vers moi », ibid., pp. 247, 414. La propriété « fait du bruit », v. plus haut. Le titre d'un des principaux chefs de Masset est « Celui dont la propriété fait du bruit », Haida Texts, Jesup, VI, p. 684. La propriété vit (Kwakiutl) : « Que notre propriété reste en vie sous ses efforts, que notre cuivre reste non cassé », chantent les Maamtagila, Ethn. Kwa., p. 1285, 1. 1.

plutôt une grande caisse blasonnée [1] qui est elle-même douée d'une puissance individualité [2] qui parle, s'attache à son propriétaire, qui contient son âme, etc. [3].

Chacune de ces chaoses précieuses, chacun de ces signes de ces richesses *a - comme* aux Trobriand - son individualité, son nom [4], *ses qualités, son pouvoir* [1]. Les grandes co-

---

[1]   Les paraphernaux de la famille, ceux qui circulent entre les hommes, leurs filles ou gendres, et reviennent aux fils lorsqu'ils sont nouvellement initiés ou se marient, sont d'ordinaire contenus dans une boite, ou caisse, ornée et blasonnée, dont les ajustages, la construction et l'usage sont tout à fait caractéristiques de cette civilisation du Nord-Ouest américain (depuis les Yurok de Californie jusqu'au détroit de Behring). En général, cette, boîte porte les figures et les yeux soit des totems, soit des esprits, dont elle contient les attributs ; ceux-ci sont : les couvertures historiées, les talismans « de vie » et « de mort », les masques, les masques-chapeaux, les chapeaux et couronnes, l'arc. Le mythe confond souvent l'esprit avec cette boite et son contenu. Ex. Tlinqit M. T., p. 173 : le gonaqadet qui est identique à la botte, au clivre, au chapeau et an hochet à grelot.

[2]   C'est son transfert, sa donation qui, à l'origine, comme à chaque nouvelle initiation ou mariage, transforme le récipiendaire en un individu « surnaturel », en un initié, un shamane, un magicien, un noble, un titulaire de danses et de sièges dans une confrérie. V. des discours dans des histoires de familles kwakiutl, Ethn. Kwa., pp. 965, 966 ; cf. p. 1012.

[3]   La boite miraculeuse est toujours mystérieuse, et conservée dans les arcanes de la maison. Il peut y avoir des boîtes dans les boites, emboîtées en grand nombre les unes dans les autres (Haïda), MASSET, Haida Texts, Jesup, VI, p, 395. Elle contient des esprits, par exemple la « femme souris » (Haïda), H.T.M., p. 340; par exemple encore, le Corbeau qui crève les yeux du détenteur infidèle. V. le catalogue des exemples de ce thème d'ans BOAS, Tsim. Mythé, p. 854, 851. Le mythe du soleil enfermé dans la boîte qui flotte est un des plus répandus (catalogue dans BOAS, Tsim. Myth., pp. 641, 549). On connaît l'extension de ces mythes dans l'ancien monde.

Un des épisodes les plus communs des histoires de héros, c'est celui de la toute petitee boîte, assez légère pour lui, trop lourde pour tous, où il y a une baleine, BOAS, Sec. Soc., p. 374; Kwa. T., 2e série, Jesup, X, p. 171 ; dont la nourriture est inépuisable, ibid., p. 23. Cette boîte est animée, elle flotte de son propre mouvement, Sec. Soc., p. 374. La boite de Katlian apporte les richesses, SWANTON, Tlingit Indians, p. 448 ; cf. p. 446. Les fleurs, « fumier de soleil », « oeuf de bois à brûler » « qui font riche », en d'autres termes les talismans qu'elle contient, les richesses elles-mêmes, doivent être nourris.

L'une d'elles contient l'esprit « trop fort pour être approprié », dont le masque tue le porteur (Tlinqit M. T., p. 341).

Les noms de ces bottes sont souvent symptomatiques de leur usage au potlatch. Une grande boîte à graisse haïda s'appelle la mère (MASSET, Haida Texts, Jesup, VI, p. 758. La « boîte à fond rouge » (soleil) « répand l'eau » dans, la « mer des Tribus » (l'eau, ce sont les couvertures que distribue le chef), BOAS, Sec. Soc., p. 551 et no 1, p. 564.

La mythologie de la boîte miraculeuse est également caractéristique des sociétés du Pacifique Nord-Asiatique. On trouvera un bel exemple d'un mythe comparable, dans PILSUDSKI, Material for the Study of the Aïnu Languages, Cracovie, 1913, pp. 124 et 125. Cette boîte est donnée par un ours, le héros doit observer des tabous ; elle est pleine de choses d'or et d'argent, de talismans qui donnent la richesse. - La technique de la boîte est d'ailleurs la même dans tout le Pacifique Nord.

[4]   Les « choses de la famille sont individuellement nommées » (Haïda), SWANTON, Haida, p. 117 ; portent des noms : les maisons, les portes, les plats, les cuillères sculptées, les canots, les pièges à saumons. Cf. l'expression « chaîne continue de propriétés », SWANTON, Haida, p. 15. - Nous avons la liste des choses qui sont nommées par les Kwakiutl, par clans, en plus des titres variables des nobles, hommes et femmes, et de leurs privilèges : danses, potlatch, etc., qui sont également des propriétés. Les choses que nous appellerions meubles, et qui sont nommées, personnifiées dans les mêmes conditions sont : les plats, la maison, le chien et le canot. V. Ethn. Kwa., p. 793 sq. Dans cette liste, Hunt a négligé de mentionner les noms des cuivres, des grandes coquilles d'abalono, des portes. - Les cuillères enfilées à une corde tenue à une espèce de canot figuré, portent le titre de « ligne d'ancre de cuillères » (v. Boas, Sec. Soc., p. 422, dans

quilles d'abalone [2], *les écus qui en sont couverts, les ceintures et les. couvertures* qui en sont ornées, les couvertures elles-mêmes [3] blasonnées, couvertes de faces, d'yeux et de figures

---

un rituel de paiement de dettes de mariage). Chez les Tsimshian, sont nommés : les canots, les cuivres, les cuillères, les pots de pierre, les couteaux de pierre, les plats de cheffesses, BOAS, *Tsim. Myth., p.* 506. Les esclaves et les chiens sont toujours des biens de valeur et des êtres adoptés par les familles.

[1] Le seul animal domestique de ces tribus est le chien. Il porte un nom différent par clan (probablement dans la famille du chef), et ne peut être vendu. « Ils sont des hommes, comme nous », disent les Kwakiutl, Ethn. Kwa., p. 1260 « Ils gardent la famille » contre la sorcellerie et contre les attaques des ennemis. Un mythe raconte comment un chef koskimo et son chien Waned se changeaient l'un dans l'autre et portaient le même nom, ibid., p. 835 ; cf. plus haut (Célèbes). Cf. le fantastique mythe des quatre chiens de Lewiqilaqu, Kwa. T., III, pp. 18 et 20.

[2] « Abalone » est le mot de « sabir » chinook qui désigne les grandes coquilles d' « haliotis » qui servent d'ornement, pendants de nez (BOAS, Kwa. Indians, Jesup, V, 1, p. 484), pendants d'oreilles (Tlingit et Haïda, v. Swanton, Haida, p. 146). Elles sont aussi disposées sur les couvertures blasonnées, sur les ceintures, sur le chapeau. Ex. (Kwakiutl), Ethn. Kwa., p. 1069. Chez les Awikenoq et les Lasiqoala (tribus du groupe kwakiutl), les coquilles d'abalone sont disposées autour d'un écu, d'un bouclier de forme étrangement européenne, BOAS, 5th Report, p. 43. Ce genre d'écu semble être la forme primitive ou équivalente des écus de cuivre, qui ont, eux aussi, une forme étrangement moyenâgeuse.

Il semble que les coquilles d'abalone ont dû avoir autrefois valeur de monnaie, du même genre que celle qu'ont les cuivres actuellement. Un mythe Çtatlolq (Salish du sud) associe les deux personnages, K'obois « cuivre » et Teadjas « abalone » ; leurs fils et fille se marient et le petit-fils prend la « caisse de métal » de l'ours, s'empare de son masque et de son potlatch, Indianische Sagen, p. 84. Un mythe Awikenoq rattache les noms des coquilles, tout comme les noms des cuivres, à des « filles de la lune », ibid., pp. 218 et 219.

Ces coquilles portent chacune leur nom chez les Haïda, du moins quand elles sont d'une grande valeur et connues, exactement comme en Mélanésie, SWANTON, Haida, p. 146. Ailleurs, elles servent à nommer des individus ou des esprits. Ex. chez les Tsimshian, index des noms propres, BOAS, Tsim. Myth., p. 960. Cf. chez les Kwakiutl, les « noms d'abalone », par clans, Ethn. Kwa., pp. 1261 à 1275, pour les tribus Awikenoq, Naqoatok et Gwasela. Il y a certainement eu là un usage international. - La boite d'abalone des Bella Kula (boîte enrichie de coquilles) est elle-même mentionnée et décrite exactement dans le mythe awikenoq ; de plus elle renferme la couverture d'abalone, et toutes deux ont l'éclat du soleil. Or le nom du chef dont le mythe contient le récit est Legek, BOAS, Ind. Say., p. 218 sq. Ce nom est le titre du principal chef tsimshian. On comprend que le mythe a voyagé avec la chose. - Dans un mythe haïda de Masset, celui de « Corbeau créateur » lui-même, le soleil qu'il donne à sa femme est une coquille d'abalone, SWANTON, Haïda Texts, Jesup, VI, p. 313, p. 227. Pour des noms de héros mythiques portant des titres d'abalone, v. des exemples, Kwa. T., III, pp. 50, 222, etc.

Chez les Tlingit, ces coquillages étaient associés aux dents de requin, Tl. M. T., p. 129. (Comparer l'usage des dents de cachalot plus haut, Mélanésie.).

Toutes ces tribus ont de plus le culte des colliers de dentalia (petits coquillages). V. en particulier Krause, Tlinkit Indianer, p. 186. En somme, nous retrouvons ici exactement toutes les mêmes formes de la monnaie, avec les mêmes croyances et servant au même usage qu'en Mélanésie et, en général, dans le Pacifique.

Ces divers coquillages étaient d'ailleurs l'objet d'un commerce qui fut aussi pratiqué par les Russes pendant leur occupation de l'Alaska; et ce commerce allait dans les deux sens, du golfe de Californie au détroit de Behring, SWANTON, Haida Texts, Jesup, VI, p. 313.

[3] Les couvertures sont historiées tout comme les bottes ; même elles sont souvent calquées sur les dessins des bottes (v. fig., KRAUSE, Tlinkit Indianer, p. 200). Elles ont toujours quelque chose de spirituel, cf. les expressions : (Haïda), « ceintures d'esprit », couvertures déchirées, SWANTON, Haida, Jesup Exped, V, I, p. 165 ; cf. p. 174. Un certain nombre de manteaux mythiques sont des « manteaux du monde » : (Lilloët), mythe de Qäls, BOAS, Ind. Sagen, pp. 19 et 20 ; (Bellakula), des « manteaux de soleil », Ind. Sagen, p. 260; un manteau aux poissons : (Heiltsuq), Ind. Sagen, p. 248; comparaison des exemplaires de ce thème, BOAS, ibid., p. 359, no 113.

animales et humaines tissées, brodées. Les maisons et les poutres, et les parois décorées [1] sont des êtres. Tout parle, le toit, le feu, les sculptures, les peintures ; car la maison magique est édifiée [2] non seulement par le chef ou ses gens ou les gens de la phratrie d'en face, mais encore par les dieux et les ancêtres ; c'est elle qui reçoit et vomit à la fois les esprits et les jeunes initiés.

Chacune de ces choses précieuses [3] a d'ailleurs en soi une vertu productrice [4]. Elle n'est pas que signe et gage ; elle est encore signe et gage de richesse, principe magique et religieux du rang et de l'abondance [5]. Les plats [6] et les cuillères [1] avec lesquels on mange solennelle-

---

Cf. la natte qui parle, Haida Texts; MASSET, Jesup Expedition, VI, pp. 430 et 432. Le culte des couvertures, des nattes, des peaux arrangées en couvertures, semble devoir être rapproché du culte des nattes blasonnées en Polynésie.

[1] Chez les Tlingit il est admis que tout parle dans la maison, que les esprits parlent aux poteaux et aux poutres de la maison et qu'ils parlent depuis les poteaux et les poutres, que ceux-ci et celles-ci parlent, et que les dialogues s'échangent ainsi entre les animaux totémiques, les esprits et les hommes et les choses de la maison ; ceci est un principe régulier de la religion Mugit. Ex., SWANTON, Tlingit, pp. 458, 459. La maison écoute et parle chez les Kwakiutl, Kwa. Ethn., p. 1279, 1. 15.

[2] La maison est conçue comme une sorte de meuble. (On sait qu'elle est restée telle en droit germanique, pendant longtemps.) On la transporte et elle se transporte. V. de très nombreux mythes de la « maison magique », édifiée en un clin d'oeil, en particulier donnée par un grand-père (catalogués par BOAS, Tsim. Myth., pp. 852, 853). V. des exemples kwakiutl, BOAS, Sec. Soc., p. 376, et les figures et planches, pp. 376 et 380.

[3] Sont également choses précieuses, magiques et religieuses : 1° les plumes d'aigle, souvent identifiées à la pluie, à la nourriture, au quartz, à la « bonne médecine ». Ex. Tlingit T. M., pp. 383, p. 1128, etc. ; Haïda (MASSET), Haida Texts, Jesup, VI, p. 292; 2° les cannes, les peignes, Tlingit T. M., p. 385. Haida, SWANTON, Haida, p. 38 ; BOAS, Kwakiutl Indians, Jesup, V, partie Il, p. 455 ; 3° les bracelets, ex. tribu de la Lower Fraser, BOAS, Indianische Sagen, p. 36; (Kwakiutl), BOAS, Kwa. Ind., Jesup, V, Il, 454.

[4] Tous ces objets, y compris les cuillères et plats et cuivres portent en kwakiutl le titre générique de logwa, qui veut dire exactement talisman, chose surnaturelle. (V. les observations que nous avons faites au sujet de ce mot dans notre travail sur les Origines de la notion de monnaie et dans notre préface, Hubert et MAUSS, Mélanges d'histoire des Religions.) La notion de « logwa » est exactement celle de mana. Mais, en l'espèce, et pour l'objet qui nous occupe, c'est la « vertu » de richesse et nourriture qui produit la richesse et la nourriture. Un discours parle du talisman, du « logwa » qui est « le grand augmenteur passé de propriété, », Ethn. Kwa., p. 1280, 1. 18. Un mythe raconte comment un « logwa » fut « aise, d'acquérir de la propriété », comment quatre « logwa » (des ceintures, etc.) en amassèrent. L'un d'eux s'appelait « la chose qui fait que propriété s'accumule », Kwa. T., III, p. 108. En réalité, c'est la richesse qui fait la richesse. Un dire haïda parle même de « propriété qui rend riche » à propos des coquilles d'abalone que porte la fille pubère, SWANTON, Haida, p. 48.

[5] Un masque est appelé. « obtenant nourriture ». Cf. « et vous serez riches en nourriture » (mythe nimkish), Kwa. T., III, p. 36, 1. 8. L'un des nobles les plus importants chez les Kwakiutl porte le titre d' « Inviteur », celui de « donneur de nourriture », celui de « donneur de duvet d'aigle ». Cf. BOAS, Sec. Soc., p. 415.

Les paniers et les boîtes historiées (par exemple celles qui servent à la récolte des baies) sont également magiques; ex. : mythe haïda (MASSET), Haida T., Jesup, VI, p. 404; le mythe très important de Qäls mêle le brochet, le saumon et l'oiseau-tonnerre, et un panier qu'un crachat de cet oiseau remplit de baies. (Tribu de la Lower Fraser River), Ind. Sag., p. 34; mythe équivalent Awikenoq, 5th Rep., p. 28, un panier porte le nom de « jamais vide ».

[6] Les plats sont nommés chacun suivant ce que sa sculpture figure. Chez les Kwakiutl, ils représentent les « chefs animaux ». Cf. plus haut p. 115. L'un d'eux porte le titre de « plat qui se tient plein », BOAS, Kwakiutl Tales (Columbia University), p. 264, I. II. Ceux d'un certain clan sont des « logwa»; ils ont parlé à un ancêtre, l'Inviteur (v. la pénultième note) et lui ont dit de les prendre, Ethn. Kwa., p. 809. Cf. le mythe

ment, décorés et sculptés, blasonnés du totem de clan ou du totem de rang, sont des choses animées. Ce sont des répliques des instruments inépuisables, créateurs de nourriture, que les esprits donnèrent aux ancêtres. Eux-mêmes sont supposés féeriques. Ainsi les choses sont confondues avec les esprits, leurs auteurs, les instruments à manger avec les nourritures. Aussi, les plats kwakiutl et les cuillères haïda sont-ils des biens essentiels à circulation très stricte et sont-ils soigneusement répartis entre les clans et les familles des chefs [2].

LA « MONNAIE DE RENOMMÉE [3] »

-

Mais ce sont surtout les cuivres [4] blasonnés qui, biens fondamentaux du potlatch, sont l'objet de croyances importantes et même d'un culte [5]. D'abord, dans toutes ces tribus, il y a un culte et un mythe du cuivre [6] être vivant. Le cuivre, au moins chez les Haïda et les

---

de Haniqilaku, Ind. Sag., p. 198 ; cf. Kwa. T., 2e série, Jesup, X, p. 1205 : comment le transformeur a donné à manger à son beau-père (qui le tourmentait) les baies d'un panier magique. Celles-ci se transformèrent en roncier et lui sortirent par tout le corps.

[1] V. plus haut.

[2] V. plus haut, ibid.

[3] L'expression est empruntée à la langue allemande « Renommiergeld » et a été employée par M. Krickeberg. Elle décrit fort exactement l'emploi de ces boucliers écus, plaques qui sont en même temps des pièces de monnaie et surtout des objets de parade qu'au potlatch portent les chefs ou ceux au profit desquels ils donnent le potlatch.

[4] Si discutée qu'elle soit, l'industrie du cuivre au Nord-Ouest américain est encore mal connue. M. RIVET, dans son remarquable travail sur l'Orfèvrerie précolombienne, Journal des Américanistes, 1923, l'a intentionnellement laissée de côté. Il semble en tout cas certain que cet art est antérieur à l'arrivée des Européens. Les tribus du Nord, Tlingit et Tsimshian recherchaient, exploitaient ou recevaient du Cuivre de la Copper River. Cf. les anciens auteurs et KRAUSE, Tlinkit Indianer, p. 186. Toutes ces tribus parlent de la « grande montagne de cuivre » : (Tlingit). Tl. M. T., p. 160; (Haïda), SWANTON, Haïda, Jesup, V, p. 130; (Tsimshian), Tsim. Myth., p. 299.

[5] Nous saisissons l'occasion pour rectifier une erreur que nous avons commise dans notre Note sur l'origine de la notion de monnaie. Nous avons confondu le mot Laqa, Laqwa (M. Boas emploie les deux graphies) avec logwa. Nous avions pour excuse qu'à ce moment M. Boas écrivait souvent les deux mots de la même façon. Mais depuis, il est devenu évident que l'un veut dire rouge, cuivre, et que l'autre veut dire seulement chose surnaturelle, chose de prix, talisman, etc. Tous les cuivres sont cependant des logwa, ce qui fait que notre démonstration reste. Mais dans ce cas, le mot est une sorte d'adjectif et de synonyme. Ex. Kwa. T., III, p. 108, deux titres de « logwa » qui sont des cuivres : celui qui est « aise d'acquérir de la propriété », « celui qui fait que la propriété s'accumule ». Mais tous les logwa ne sont pas des cuivres.

[6] Le cuivre est chose vivante; sa mine, sa montagne sont magiques, pleines de « plantes à richesse », MASSET, Haïda Texts, Jesup, VI, p. 681, 692. Cf. SWANTON, Haida, p. 146, autre mythe. Il a, ce qui est vrai, une odeur, Kwa. T., III, p. 64, I. 8. Le privilège de travailler le cuivre est l'objet d'un important cycle de légendes chez les Tsimshian : mythe de Tsauda et de Gao, Tsim. Myth., p. 306 sq. Pour le catalogue des thèmes équivalents, v. BOAS, Tsim. Myth., p. 856. Le cuivre semble avoir été personnalisé chez les Bellakula, Ind. Sagen, p. 261 ; cf. BOAS, Mythology of the Bella Coola Indians, Jesup Exp., I, part 2, p.

Kwakiutl, est identifié au saumon, lui-même objet d'un culte [1]. Mais en plus de cet élément de mythologie métaphysique et technique [2], tous ces cuivres sont, chacun à part, l'objet de croyances individuelles et spéciales. Chaque cuivre principal des familles de chefs de clans a son nom [3], son individualité propre, sa valeur propre [4], au plein sens du mot, magique et

71, où le mythe de cuivre est associé au mythe des coquilles d'abalone. Le mythe tsimshian de Tsauda se rattache au mythe du saumon dont il va être question.

[1]   En tant que rouge, le cuivre est identifié : au soleil, ex. Tlingit T. M., no 39, no 81 ; au feu tombé du ciel » (nom d'un cuivre), BOAS, Tsimshian Texts and Myths, p. 467 ; et, dans tous ces cas, au saumon. Cette identification est particulièrement nette dans le cas du culte des jumeaux chez les Kwakiutl, gens du saumon et du cuivre, Ethn. Kwa., p. 685 sq. La séquence mythique semble être la suivante : printemps, arrivée du saumon, soleil neuf, couleur rouge, cuivre. L'identité cuivre et saumon est plus caractérisée chez les 'nations du Nord (v. Catalogue des cycles équivalents, BOAS, Tsim. Myth., p. 856). Ex. mythe haïda de MASSET, Haïda T., Jesup, VI, pp. 689, 691, 1. 6, sq., no 1 ; cf. p. 692, mythe no 73. On trouve ici un équivalent exact de la légende de l'anneau de Polycrate : celle d'un saumon qui a avalé du cuivre, SKIDEGATE (H.T.M., p. 82). Les Tlingit ont (et les Haïda à leur suite) le mythe de l'être dont on traduit en anglais le nom par Mouldy-end (nom du saumon) ; v. mythe de Sitka : chaînes de cuivres et saumons, Tl. M. T., p. 307. Un saumon dans une boite devient un homme, autre version de Wrangel, ibid., no 5. Pour les équivalents, V. BOAS, Tsim. Myth., p. 857. Un cuivre tsimshian porte le titre de « cuivre qui remonte la rivière », allusion Évidente au saumon, BOAS, Tsim. Myth., p. 857.
     Il y aurait lieu de rechercher ce qui rapproche ce culte du cuivre du culte du quartz, v. plus haut. Ex. mythe de la montagne de quartz, Kwa. T., 2e série, Jesup, X, p. 111.
     De la même façon, le culte du jade, au moins chez les Tlingit, doit être rapproché de celui du cuivre : un jade-saumon parle, Tl. M. T., p. 5. Une pierre de jade parle et donne des noms, SITKA, Tl. M. T., p. 416. Enfin il faut rappeler le culte des coquillages et ses associations avec celui du cuivre.

[2]   Nous avons vu que la famille de Tsauda chez les Tsimshian semble être celle des fondeurs ou des détenteurs des secrets du cuivre. Il semble que le mythe (Kwakiutl) de la famille princière Dzawadaenoqu, est un mythe du même genre. Il associe : Laqwagila, le faiseur de cuivre, avec Qomqomgila, le Riche, et Qomoqoa, « la Riche », qui fait des cuivres, Kwa. T., III, p. 50 ; et lie le tout avec un oiseau blanc (soleil), fils de l'oiseau-tonnerre, qui sent le cuivre, qui se transforme en femme; laquelle donne naissance à deux jumeaux qui sentent le cuivre, Kwa. T., III, pp. 61 à 67.

[3]   Chaque cuivre à son nom. « Les grands cuivres qui Ont des noms », disent les discours kwakiutl, Boas, Sec. Soc., pp. 348, 349, 350. Liste des noms de cuivres, malheureusement, sans indication du clan perpétuellement propriétaire, ibid., p. 344. Nous sommes assez bien renseignés sur les noms des grands cuivres kwakiutl. Ils montrent les cultes et croyances qui y sont attachés. L'un porte le titre de « Lune » (tribu des Nisqa), Ethn. Kwa., p. 856. D'autres portent le nom de l'esprit qu'ils incarnent, et qui les a donnés. Ex. la Dzonoqoa, Ethn. Kwa., p. 1421 ; ils en reproduisent la figure. D'autres portent le nom des esprits fondateurs des totems : un cuivre s'appelle « face de castor », Ethn. Kwa., p. 142.7 ; un autre, « lion de mer », ibid., p. 894. D'autres noms font simplement allusion à la forme « cuivre en T », ou « long quartier supérieur », ibid., p. 862. D'autres s'appellent simplement « Grand cuivre », ibid., p. 1289, « Cuivre sonnant », ibid., p. 962 (également nom d'un chef). D'autres noms font allusion au potlatch qu'ils incarnent, et dont ils concentrent la valeur. Le nom du cuivre Maxtoselem est « celui dont les autres sont honteux ». Cf. Kwa. T., III, p. 452, no 1 : « ils sont honteux de leurs dettes » (dettes : gagim). Autre nom, « cause-querelle », Ethn. Kwa., pp. 893, 1026, etc.
     Sur les noms des cuivres tlingit, v. SWANTGN, Tlingit, p. 4121, 405. La plupart de ces noms sont totémiques. Pour les noms des cuivres haïda et tsimshian, nous ne connaissons que ceux qui porterit le même nom que les chefs, leurs propriétaires.

[4]   La valeur des cuivres chez les Tlingit variait suivant leur hauteur et se chiffrait en nombre d'esclaves, Tl. M. T., pp. 387, 260, p. 131 (Sitka et Skidegate, etc., Tsimshian), Tate, dans Boas, Tsim Myth., p. 540 ; cf. ibid., p. 436. Principe équivalent : (Haïda), Swanton, Haida, p. 146.
     M. Boas a bien étudié la façon dont chaque cuivre augmente de valeur avec la série des potlatch ; par exemple : la valeur actuelle du cuivre Lesaxalayo était vers 1906-1910: 9 000 couvertures de laines, valeur 4 dollars chaque, 50 canots, 16 000 couvertures à boutons, 260 bracelets d'argent, 160 bracelets d'or, 70

économique, permanente, perpétuelle sous les vicissitudes des potlatch où ils passent et même par-delà les destructions partielles ou complètes [1].

Ils ont en outre une vertu attractive qui appelle les autres cuivres, comme la richesse attire la richesse, comme les dignités entraînent les honneurs, la possession des esprits et les belles alliances [2], et inversement. - Ils vivent et ils ont un mouvement autonome [3] et ils entraînent [4] les autres cuivres. L'un d'eux [5], chez les Kwakiutl, est appelé « l'entraîneur de cuivres », et la formule dépeint comment les cuivres s'amassent autour de lui en même temps que le nom de son propriétaire est « propriété s'écoulant vers moi ». Un autre nom fréquent des cuivres est celui « d'apporteur de propriétés ». Chez les Haïda, les Tlingit, les cuivres sont un « fort » autour de la princesse qui les apporte [6] ; ailleurs le chef qui les possède [1] est

---

boucles d'oreilles d'or, 40 machines à coudre, 25 phonographes, 50 masques, et le héraut dit : « Pour le prince Laqwagila, je vais donner toutes ces pauvres choses. » Ethn. Kwa., p. 1352; cf. ibid., 1. 28, où le cuivre est comparé à un « corps de baleine ».

[1] Sur le principe de la destruction, v. plus haut. Cependant la destruction des cuivres semblent être d'un caractère particulier. Chez les Kwakiutl, on la fait par morceaux, brisant à chaque potlatch un nouveau quartier. Et l'on se fait honneur de tâcher de reconquérir, au cours d'autres potlatch, chacun des quartiers, et de les river ensemble à nouveau lorsqu'ils sont au complet. Un cuivre de ce genre augmente de valeur, BOAS, Sec. Soc., p. 334.

En tout cas, les dépenser, les briser, c'est les tuer, Ethn. Kwa., p. 1285, 1. 8 et 9. L'expression générale, c'est « les jeter à la mer »; elle est commune aussi aux Tlingit, TI. M. T., p. 63; p. 399, chant no 43. Si ces cuivres ne se noient pas, s'ils n'échouent pas, ne meurent pas, c'est qu'ils sont faux, ils sont en bois, ils surnagent. (Histoire d'un potlatch de Tsimshian contre Haïda, Tsim. Myth., p. 369.) Brisés, on dit qu'ils sont « morts sur la grève » (Kwakiutl), BOAS, Sec. Soc., p. 564 et no 5.

[2] Il semble que chez les Kwakiutl, il y avait deux sortes de cuivres les plus importants, qui ne sortent pas de la famille, qu'on ne peut que briser pour les refondre, et d'autres qui circulent intacts, de moindre valeur et qui semblent servir de satellites aux premiers. Ex. BOAS, Sec. Soc., pp. 564, 579. La possession de ces cuivres secondaires, chez les Kwakiutl, correspond sans doute à celle des titres nobiliaires et des rangs de second ordre avec lesquels ils voyagent, de chef à chef, de famille à famille, entre les générations et les sexes. Il semble que les grands titres et les grands cuivres restent fixes à l'intérieur des clans et des tribus tout au moins. Il serait d'ailleurs difficile qu'il en fût autrement.

[3] Un mythe haïda du potlatch du chef Hayas relate comment un cuivre chantait : « Cette chose est très mauvaise. Arrête Gomsiwa (nom d'une ville et d'un héros) ; autour du petit cuivre, il y a beaucoup de cuivres. » Haida Texts, Jesup, VI, p. 760. Il s'agit d'un « petit cuivre » qui devient « grand à par lui-même et autour duquel d'autres se groupent. Cf. plus haut le cuivre-saumon.

[4] Dans un chant d'enfant, Ethn. Kwa., p. 1312, 1. 3, I, 14, « les cuivres aux grands noms des chefs des tribus s'assembleront autour de lui ». Les cuivres sont censés « tomber d'eux-mêmes dans la maison du chef » (nom d'un chef haïda, SWANTON, Haida, p. 274, E). Ils se « rencontrent dans la maison », ils sont des « choses plates qui s'y rejoignent », Ethn. Kwa., p. 701.

[5] V. le mythe d' « Apporteur de cuivres » dans le mythe d' « Inviteur » (Qoexsot'enox), Kwa. T., III, p. 248, 1. 25, 1. 26. Le même cuivre est appelé « apporteur de propriétés », BOAS, Sec. Soc., p. 415. Le chant secret du noble ni porte le titre d'Inviteur est :

« Mon nom sera « propriété se dirigeant vers moi », à cause de mon « apporteur » de propriétés. »

« Les cuivres se dirigent vers moi à cause de l' « apporteur à de cuivres. »

Le texte kwakiutl dit exactement « L'aqwagila », le « faiseur de cuivres », et non pas simplement « l'apporteur ».

[6] Ex. dans un discours (le potlatch tlingit, TI. M. T., p. 379; (Tsimshian) le cuivre est un « bouclier », Tsim. Myth., p. 385.

rendu invincible. Ils sont les « choses plates divines » [2] de la maison. Souvent le mythe les identifie tous, les esprits donateurs des cuivres [3], les propriétaires des cuivres et les cuivres eux-mêmes [4]. Il est impossible de discerner ce qui fait la force de l'un de l'esprit et de la richesse de l'autre : le cuivre parle, grogne [5] ; il demande à être donné, détruit, c'est lui qu'on couvre de couvertures pour le mettre au chaud, de même qu'on enterre le chef sous les couvertures qu'il doit distribuer [6].

Mais d'un autre côté, c'est, en même temps que les biens [7], la richesse et la chance qu'on transmet. C'est son esprit, ce sont ses esprits auxiliaires qui rendent l'initié possesseur de

---

[1] Dans un discours à propos de donations de cuivres en l'honneur d'un fils nouvellement initié, « les cuivres donnés sont une « armure », une armure de propriété, BOAS, Sec. Soc., p. 557. (Faisant allusion aux cuivres pendus autour du cou.) Le titre du jeune homme est d'ailleurs Yaqois porteur de propriété ».

[2] Un rituel important, lors de la claustration des princesses pubères kwakiutl, manifeste très bien ces croyances : elles portent des cuivres et des coquilles d'abalone, et, à ce moment-là, elles prennent elles-mêmes le titre des cuivres, de « choses plates et divines, se rencontrant dans la maison». il est dit alors qu' « elles et leurs maris auront facilement des cuivres », Ethn. Kwa., p. 701. « Cuivres dans la maison » est le titre de la sœur d'un héros awikenoq, Kwa. T., III, p. 430. Un chant de fille noble kwakiutl, prévoyant une sorte de svayamvara, un choix du marié à l'hindoue appartient peut-être au même rituel, et s'exprime ainsi : « Je suis assise sur des cuivres. Ma mère me tisse ma ceinture pour quand j'aurai des plats de la maison », etc. » Ethn. Kwa., p. 1314.

[3] Les cuivres sont souvent identiques aux esprits. C'est le thème bien connu de l'écu et du blason héraldique animé. Identité du cuivre et de la « Dzonoqoa » et de la « Qominoqa », Ethn. Kwa., p. 1421, 860. Des cuivres sont des animaux totémiques, BOAS, Tsim. Myth., p. 460. Dans d'autres cas, ils ne sont que des attributs de certains animaux mythiques. « Le daim de cuivre » et ses « andouillers de cuivre » jouent un rôle dans les fêtes d'été kwakiutl, BOAS, Sec. Soc., p. 630, 631 ; cf. p. 729 : « Grandeur sur son corps » (littéralement, richesse sur son corps). Les Tsimshian considèrent les cuivres : comme des « cheveux d'esprits », BOAS, Sec. Soc., p. 326; comme des « excréments d'esprits » (catalogue de thèmes, BOAS, Tsim. Myth., p. 837) ; des griffes de la femme-loutre-de-terre, ibid., p. 563. Les cuivres sont usités par les esprits dans un potlatch qu'ils se donnent entre eux Tsim. Myth., p. 285; Tlingit T. M., p. 51. Les cuivres « leur plaisent ». Pour des comparaisons, v. BOAS, Tsim. Myth., p. 846; v. plus haut p. 56.

[4] Chant de Neqapenkem (Face de Dix coudées) : « Je suis des pièces de cuivre, et les chefs des tribus sont des cuivres cassés. » BOAS, Sec. Soc., p. 482 ; cf. p. 667, pour le texte et une traduction littérale.

[5] Le cuivre Dandalayu « grogne dans sa maison » pour être donné, BOAS, Sec. Soc., p. 622 (discours). Le cuivre Maxtoslem « se plaignait qu'on ne le brisât pas ». Les couvertures dont on le paie « lui tiennent chaud », BOAS, Sec. Soc., p. 5712. On se souvient qu'il porte le titre « Celui que les autres cuivres sont honteux de regarder ». Un autre cuivre participe au potlatch et « est honteux », Ethn. Kwa., p. 882, 1. 32.
    Un cuivre haïda (MASSET), Haida Texts, Jesup, VI, p. 689, propriété du chef « Celui dont la propriété fait du bruit », chante après avoir été brisé : « Je pourrirai ici, j'ai entraîné bien du monde » (dans la mort, à cause des potlatch).

[6] Les deux rituels du donateur ou donataire enterrés sous les piles ou marchant sur les piles de couvertures sont équivalents : dans un cas on est supérieur, dans un autre cas inférieur à sa propre richesse.

[7] Observation générale. Nous savons assez bien comment et pourquoi, au cours de quelles cérémonies, dépenses et destructions se transmettent les biens au Nord-Ouest américain. Cependant, nous sommes mal renseignés encore sur les formes que revêt l'acte même de la tradition des choses, en particulier des cuivres. Cette question devrait être l'objet d'une enquête. Le peu que nous connaissons est extrêmement intéressant et marque certainement le lien de la propriété et des propriétaires. Non seulement ce qui correspond à la cession d'un cuivre s'appelle « mettre le cuivre à l'ombre du nom » d'un tel et son acquisition « donne du poids » au nouveau propriétaire chez les Kwakiutl, BOAS, Sec. Soc., p. 349; non seulement chez les Haïda, pour manifester que l'on achète une terre, on lève un cuivre, Haida T. M., p. 86 ; mais encore chez eux, on se sert des cuivres par percussion comme en droit romain : on en frappe les gens à qui on les donne : rituel

cuivres, de talismans qui sont eux-mêmes moyens d'acquérir : cuivres, richesses, rang, et enfin esprits, toutes choses équivalentes d'ailleurs. Au fond, quand on considère en même temps les cuivres et les autres formes permanentes de richesses qui sont également objet de thésaurisation et de potlatch alternés, masques, talismans, etc., toutes sont confondues avec leur usage et avec leur effet [1]. Par elles, on obtient les rangs c'est parce qu'on obtient la richesse qu'on obtient l'esprit et celui-ci à son tour possède le héros vainqueur des obstacles et alors encore, ce héros se fait payer ses transes shamanistiques, ses danses rituelles, les services de son gouvernement. Tout se tient, se confond ; les choses ont une personnalité et les personnalités sont en quelque sorte des choses permanentes du clan. Titres, talismans, cuivres et esprits des chefs sont homonymes et synonymes [2], de même nature et de même fonction. La circulation des biens suit celle des hommes, des femmes et des enfants, des festins, des rites, des cérémonies et des danses, même celle des plaisanteries et des injures. Au fond elle est la même. Si on donne les choses et les rend, c'est parce qu'on se donne et se rend « des respects » -nous disons encore « des politesses ». Mais aussi c'est qu'on se donne en donnant, et, si on se donne, c'est qu'on se « doit » - soi et son bien - aux autres.

---

    attesté dans une histoire (Skidegate), ibid., p. 432. Dans ce cas, les choses touchées par le cuivre lui sont annexées, sont tuées par lui; ceci est d'ailleurs un rituel de « paix » et de a don ».

    Les Kwakiutl ont, au moins dans un mythe. (Boas, Sec. Soc., pp. 383 et 385 ; cf. p. 677, 1. 10), gardé le souvenir d'un rite de transmission qui se retrouve chez les Eskimos : le héros mord tout ce qu'il donne. Un mythe haïda décrit comment Dame Souris « léchait à ce qu'elle donnait, Haida Texts, Jesup, VI, p. 191.

[1]   Dans un rite de mariage (briser le canot symbolique), on chante :

    « Je vais aller et mettre en pièces le mont Stevens. J'en ferai des pierres pour mon feu (tessons).

    « Je vais aller et briser le mont Qatsaï. J'en ferai des pierres pour mon feu.

    « De la richesse est en train de rouler vers lui, de la part des grands chefs.

    « De la richesse est en train de rouler vers lui de tous les côtés;

    « Tous les grands chefs vont se faire protéger par lui. »

[2]   Ils sont d'ailleurs normalement, au moins chez les Kwakiutl, identiques. Certains nobles sont identifiés avec leurs potlatch. Le principal titre du principal chef est même simplement Maxwa, qui veut dire « grand potlatch », Ethn. Kwa., p. 972, 976, 805. Cf. dans le même clan les noms « donneurs de potlatch », etc. Dans une autre tribu de la même nation, chez les Dzawadeenoxu, l'un des titres principaux est celui de « Polas ». V. plus haut p. 110, no 1 ; v. Kwa. T., III, p. 43, pour sa généalogie. Le principal chef des Heiltsuq est en relation avec l'esprit « Qominoqa », « la Riche », et porte le nom de « Faiseur de richesses », ibid., p. 427, 424. Les princes Qaqtsenoqu ont des « noms d'été », c'est-à-dire des noms de clans qui désignent exclusivement des « propriétés », noms en « yaq » : « propriété sur le corps », « grande propriété », « ayant de la propriété », « place de propriété », Kwa. T., Ill, p. 191 ; cf. p. 187, 1. 14. Une autre tribu kwakiutl, les Naqoatoq, donne pour titre à son chef « Maxwa » et « Yaxlem », « potlatch », « propriété »; ce nom figure dans le mythe de « Corps de pierre ». (Cf. Côtes de pierres, fils de Dame Fortune, Haida.) L'esprit lui dit : « Ton nom sera « Propriété », Yaxlem. » Kwa. T., III, p. 215, 1. 39.

    De même chez les Haïda, un chef porte le nom : « Celui qu'on ne peut pas acheter » (le cuivre que le rival ne peut pas acheter), SWANTON, Haida, p. 294, XVI, I. Le même chef porte aussi le titre « Tous mélangés », c'est-à-dire « assemblée de potlatch », ibid., no 4. Cf. plus haut les titres « Propriétés dans la maison ».

PREMIÈRE CONCLUSION

Ainsi, dans quatre groupes importants de populations, nous avons trouvé : d'abord dans deux ou trois groupes, le potlatch ; puis la raison principale et la forme normale du potlatch luimême ; et plus encore, par-delà celui-ci, et dans tous ces groupes, la forme archaïque de l'échange : celui des dons présentés et rendus. De plus nous avons identifié la circulation des choses dans ces sociétés à la circulation des droits et des personnes. Nous pourrions à la rigueur en rester là. Le nombre, l'extension, l'importance de ces faits nous autorisent pleinement à concevoir un régime qui a dû être celui d'une très grande partie de l'humanité pendant une très longue phase de transition et qui subsiste encore ailleurs que dans les peuples que nous venons de décrire. Ils nous permettent de concevoir que ce principe de l'échange-don a dû être celui des sociétés qui ont dépassé la phase de la « prestation totale » (de clan à clan, et de famille à famille) et qui cependant ne sont pas encore parvenues au contrat individuel pur, au marché où roule l'argent, à la vente proprement dite et surtout à la notion du prix estimé en monnaie pesée et titrée.

CHAPITRE III

SURVIVANCES DE CES PRINCIPES DANS LES DROITS ANCIENS ET LES ÉCONOMIES ANCIENNES

Tous les faits précédents ont été recueillis dans ce domaine qu'on appelle celui de l'Ethnographie. De plus, ils sont localisés dans les sociétés qui peuplent les bords du Pacifique [1]. On se sert d'ordinaire de ce genre de faits à titre de curiosités ou, à la rigueur, de comparaison, pour mesurer de combien nos sociétés s'écartent ou se rapprochent de ces genres d'institutions qu'on appelle « primitives ».

Cependant, ils ont une valeur sociologique générale, puisqu'ils nous permettent de comprendre un moment de l'évolution sociale. Mais il y a plus. Ils ont encore une portée en histoire sociale. Des institutions de ce type ont réellement fourni la transition vers nos formes, nos formes à nous, de droit et d'économie. Elles peuvent servir à expliquer historiquement nos propres sociétés. La morale et la pratique des échanges usitées par les sociétés qui ont immédiatement précédé les nôtres gardent encore des traces plus ou moins importantes de tous les principes que nous venons d'analyser. Nous croyons pouvoir démontrer, en fait, que nos droits et nos économies se sont dégagés d'institutions similaires aux précédentes [2].

Nous vivons dans des sociétés qui distinguent fortement (l'opposition est maintenant critiquée par les juristes eux-mêmes) les droits réels et les droits personnels, les personnes et les choses. Cette séparation est fondamentale : elle constitue la condition même d'une partie de notre système de propriété, d'aliénation et d'échange. Or, elle est étrangère au droit que nous venons d'étudier. De même, nos civilisations, depuis les civilisations sémitique, grecque

---

[1]   Naturellement nous savons qu'ils ont une autre extension (v. plus loin p. 179, no 1) et ce n'est que provisoirement que la recherche s'arrête ici.

[2]   MM. Meillet et Henri Lévy-Bruhl, ainsi que notre regretté Huvelin, ont bien voulu nous donner des avis précieux pour le paragraphe qui va suivre.

et romaine, distinguent fortement entre l'obligation et la prestation non gratuite, d'une part, et le don, de l'autre. Mais ces distinctions ne sont-elles pas assez récentes dans les droits des grandes civilisations ? Celles-ci n'ont-elles pas passé par une phase antérieure, où elles n'avaient pas cette mentalité froide et calculatrice 'l N'ont-elles pas pratiqué même ces usages du don échangé où fusionnent personnes et choses ? L'analyse de quelques traits des droits indo-européens va nous permettre de montrer qu'ils ont bien traversé eux-mêmes cet avatar. A Rome, ce sont des vestiges que nous allons en retrouver. Dans l'Inde et en Germanie, ce seront ces droits eux-mêmes, encore vigoureux, que nous verrons fonctionner à une époque encore relativement récente.

I

DROIT PERSONNEL ET DROIT RÉEL
(DROIT ROMAIN TRÈS ANCIEN)

Un rapprochement entre ces droits archaïques et le droit romain d'avant l'époque, relativement très basse où il entre réellement dans l'histoire [1], et le droit germanique à l'époque où il y entre [2], éclaire ses deux droits. En particulier, il permet de poser à nouveau une des questions les plus controversées de l'histoire du droit, la théorie du nexum [3].

[1]   On sait qu'en dehors de reconstitutions hypothétiques des Douze Tables et de quelques textes de lois conservés par des inscriptions, nous n'avons que des sources très pauvres pour tout ce qui concerne les quatre premiers siècles du droit romain. Cependant, nous n'adopterons pas l'attitude hypercritique de M. LAMBERT, L'Histoire traditionnelle des Douze Tables (Mélanges Appleton), 1906. Mais il faut convenir qu'une grande partie des théories des romanistes, et même celle des « antiquaires » romains eux-mêmes, sont à traiter comme des hypothèses. Nous nous permettons d'ajouter une autre hypothèse à la liste.

[2]   Sur le droit germanique, v. plus loin.

[3]   Sur le nexum, v. HUVELIN, Nexum, in Dict. des Ant.; Magie et Droit individuel (Année, X), et ses analyses et discussions dans Année Sociologique, VII, p. 472 sq.; IX, 412 sq.; XI, p. 442 sq.; XII, p. 482 sq.; DAVY, Foi jurée, p. 135; pour la bibliographie et les théories des romanistes, v. GIRARD, Manuel élémentaire de Droit romain, 7e éd., p. 354.
Huvelin et M. Girard nous semblent à tous les points de vue bien près de la vérité. A la théorie d'Huvelin, nous ne proposons qu'un complément et une objection. La « clause d'injures » (Magie et Droit ind., p. 28 ; cf. Injuria, Mél. Appleton), à notre avis, n'est pas seulement magique. Elle est un cas très net, un vestige, d'anciens droits à potlatch. Le fait que l'un est débiteur et l'autre créditeur rend celui qui est ainsi supérieur capable d'injurier son opposé, son obligé. De là une série considérable de relations sur lesquelles nous attirons l'attention dans ce tome de l'Année Sociologique, à propos des Joking relationships, des « parentés à plaisanterie » cri particulier Winnebago (Sioux).

Dans un travail qui a plus qu'éclairé la matière [1], Huvelin a rapproché le nexum du wadium germanique et en général des « gages supplémentaires » (Togo, Caucase, etc.) donnés à l'occasion d'un contrat, puis il a rapproché ceux-ci de la magie sympathique et du pouvoir que donne à l'autre partie toute chose qui a été en contact avec le contractant. Mais cette dernière explication ne vaut que pour une partie des faits. La sanction magique n'est que possible, et elle-même n'est que la conséquence de la nature et du caractère spirituel de la chose donnée. D'abord, le gage supplémentaire et en particulier le wadium germanique [2] sont plus que des échanges de gages, même plus que des gages de vie destinés à établir une emprise magique possible. La chose gagée est d'ordinaire sans valeur: par exemple les bâtons échangés, la slips dans la stipulation du droit romain [3] et la festuca notata dans la stipulation germanique ; même les arrhes [4], d'origine sémitique, sont plus que des avances. Ce sont des choses ; elles-mêmes animées. Surtout, ce sont encore des résidus des anciens dons obligatoires, dus à réciprocité ; les contractants sont liés par elles. A ce titre, ces échanges supplémentaires expriment par fiction ce va-et-vient des âmes et des choses confondues entre elles [5]. Le nexum, le « lien » de droit vient des choses autant que des hommes.

---

[1]   HUVELIN, Magie et Droit individuelle, Année, X.

[2]   V. plus loin, p. 153. Sur la wadiatio, v. DAVY, Année, XII, pp. 522 et 523.

[3]   Cette interprétation du mot slips a pour fondement celle d'Isidore de Séville, V, p. 124, 30. V. HUVELIN, Stips, stipulatio, etc. (Mélanges Fadda), 1906. M. GIRARD, Manuel, p. 507, no 4, après Savigny, oppose les textes de Varron et de Festus à cette interprétation figurée pure et simple. Mais Festus, après avoir dit en effet « stipulus » « firmus », a dû, dans une phrase malheureusement détruite en partie, parler d'un « [.. ?] defixus ». peut-être bâton fiché en terre (cf. le jet du bâton lors d'une vente de terre dans les; contrats de l'époque d'Hammurabi à Babylone, v. CUQ, Étude sur les contrats, etc., Nouvelle Revue historique du Droit, 1910, p. 467).

[4]   V. HUVELIN, loc. cit., dans Année Sociologique, X, p. 33.

[5]   Nous n'entrons pas dans la discussion des romanistes ; mais nous ajoutons quelques observations à celles d'Huvelin et de M. Girard à propos du nexum. 10 Le mot lui-même vient de nectere et, à propos de ce dernier mot, Festus (ad verb, ; cf. s. v. obnectere) a conservé un des rares documents des Pontifes qui nous soient parvenus : Napuras stramentis nectito. Le document fait évidemment allusion et, tabou de propriété, indiqué par des nœuds de paille. Donc la chose tradita était elle-même marquée et liée, et venait à l'accipiens chargée de ce lien. Elle pouvait donc le lier. - 2° L'individu qui devient nexus, c'est le recevant, l'accipiens. Or, la formule solennelle du nexum suppose qu'il est emptus, acheté traduit-on d'ordinaire. Mais (v. plus loin) emptus veut dire réellement acceptus. L'individu qui a reçu la chose est lui-même, encore plus qu'acheté, accepté par le prêt : parce qu'il a reçu la chose et parce qu'il a reçu le lingot de cuivre que le prêt lui donne en plus de la chose. On discute la question de savoir si, dans cette opération, il y a damnatio, mancipatio, etc. (GIRARD, Man., p. 503). Sans prendre parti dans cette question, nous croyons que tous ces termes sont relativement synonymes (cf. l'expression nexo mancipioque et celle : emit mancipioque accepit des inscriptions (ventes d'esclaves). Et rien n'est plus simple que cette synonymie, puisque le seul fait d'avoir accepté quelque chose de quelqu'un vous en fait l'obligé : damnatus, emptus, nexus. - 3° Il nous semble que les romanistes et même Huvelin n'ont pas communément fait assez attention à un détail du formalisme du nexum : la destinée du lingot d'airain, de l'aes nexum si discuté de Festus (ad verb. nexum). Ce lingot, lors de la formation du nexum, est donné par le tradens à l'accipiens. Mais - croyons-nous - quand celui-ci se libère, non seulement il accomplit la prestation promise ou délivre la chose ou le prix, mais surtout avec la même balance et les mêmes témoins, il rend ce même aes au prêteur, au vendeur, etc. Alors il l'achète, le reçoit à son tour. Ce rite de la solutio du nexum nous est parfaitement décrit par Gaius, III, 174 (le texte est assez reconstitué; nous adoptons la leçon reçue par M. GIRARD, cf. Manuel, p. 501; cf. ibid., 751). Dans une vente au comptant, les deux actes se passent pour ainsi dire en même temps, ou à très courts intervalles, le double symbole apparaissait moins que dans une vente à terme ou dans un prêt opéré solennellement; et c'est pourquoi on ne s'est pas aperçu du double jeu. Mais il y fonctionnait tout de

Le formalisme même prouve l'importance des choses. En droit romain quiritaire, la tradition des biens - et les biens essentiels étaient les esclaves et le bétail, plus tard, les biens-fonds - n'avait rien de commun, de profane, de simple. La tradition est toujours solennelle et réciproque [1] ; elle se fait encore en groupe : les cinq témoins, amis au moins, plus le « peseur ». Elle est mêlée de toutes sortes de considérations étrangères à nos conceptions purement juridiques et purement économiques modernes. Le nexum qu'elle établit est donc encore plein, comme Huvelin l'a bien vu, de ces représentations religieuses qu'il a seulement trop considérées comme exclusivement magiques.

Certes, le contrat le plus ancien du droit romain, le *nexum,* est détaché déjà du fond des contrats collectifs et détaché aussi du système des anciens dons qui engagent. La préhistoire du système romain des obligations ne pourra peut-être jamais être écrite avec certitude. Cependant nous croyons pouvoir indiquer dans quel sens on pourrait chercher.

Il y a sûrement un lien dans les choses, *en plus* des liens magiques et religieux, ceux des mots et des gestes du formalisme juridique.

Ce lien est encore marqué par quelques très vieux termes du droit des Latins et des peuples italiques. L'étymologie d'un certain nombre de ces termes paraît incliner dans ce sens. Nous indiquons ce qui suit à titre d'hypothèse.

A l'origine, sûrement, les choses elles-mêmes avaient une personnalité et une vertu.

Les choses ne sont pas les êtres inertes que le droit de Justinien et nos droits entendent. D'abord elles font partie de la famille : la familia romaine comprend les res et non pas seulement les personnes. On en a la définition encore au Digeste [2], et il est très remarquable

---

même. Si notre interprétation est exacte, il y a bien, en plus du nexum qui vient des formes solennelles, en plus du nexum qui vient de la chose, un autre nexum qui vient de ce lingot alternativement donné et reçu, et pesé avec la même balance, hanc tibi libram primam postremamque, par les deux contractants, liés ainsi alternativement. - 4° D'ailleurs, supposons un instant que nous puissions nous représenter un contrat romain avant qu'on se servit de la monnaie de bronze, et même de ce lingot pesé, ou même encore de ce morceau de cuivre moulé, flatum qui représentait une vache (on sait que les premières monnaies romaines furent frappées par les gentes et, représentant du bétail, furent sans doute des titres engageant le bétail de ces gentes). Supposons une vente où le prix est payé en bétail réel ou figuré. Il suffit de se rendre compte que la livraison de ce bétail-prix, ou de sa figuration, rapprochait les contractants, et en particulier le vendeur de l'acheteur; comme dans une vente ou dans toute cession de bétail, l'acheteur ou le dernier possesseur reste, au moins pour un temps (vices rédhibitoires, etc.), en liaison avec le vendeur ou le possesseur précédent (v. plus loin les faits de droit hindou et de folklore).

[1] Varron, De re rustica, II, p. 1, 15.

[2] Sur familia, v. Dig., L, XVI, de verb. sign., no 195, § 1. Familiae appellatio, etc., et in res, et in personas diducitur, etc. (Ulpien). Cf. Isidore de SÉVILLE, XV, 9, 5. En droit romain, jusqu'à une époque très tardive, l'action en division d'héritage s'est appelée familiae erciscundae, Dig., XI, II. Encore au Code, III, XXXVIII. Inversement res égale familia; aux Douze Tables, V, 3, super pecunia tutelave suae rei. Cf. GIRARD, Textes de droit romain, p. 869, no ; Manuel, p. 322; Cuq, Institutions, I, p. 37. GAIUS, II, 224,

que, plus on remonte dans l'antiquité, plus le sens du mot familia dénote les res qui en font partie jusqu'à désigner même les vivres et les moyens de vivre de la famille [1]. La meilleure étymologie du mot familia est sans doute celle qui le rapproche [2] du sanskrit *dhaman, maison.*

De plus, les choses étaient de deux sortes. On distinguait entre la familia et la *pecunia, entre* les choses de la maison (esclaves, chevaux, mulets, ânes) et le bétail qui vit aux champs loin des étables [3]. Et on distinguait aussi entre les res mancipi et les *res nec m*ancipi, suivant les formes de vente [4]. Pour les unes, qui constituent les choses précieuses, y compris les immeubles et même les enfants, il ne peut y avoir aliénation que suivant les formules de la mancipatio [5], de la prise (capere) en mains (manu). On discute beaucoup pour savoir si la distinction entre familia et *pecunia coïncidait* avec la distinction des *res* mancipi et des res nec mancipi. Pour nous cette coïncidence - à l'origine - ne fait pas l'ombre d'un doute. Les choses qui échappent à la mancipatio sont précisément le petit bétail des champs et la pecunia, l'argent, dont l'idée, le nom et la forme dérivaient du bétail. On dirait que les *veteres* romains font la même distinction que celles que nous venons de constater en pays tsimshian et kwakiutl, entre les biens permanents et essentiels de la « maison » (comme on dit encore en Italie et chez nous) et les choses qui passent : les vivres, le bétail des lointaines prairies, les métaux, l'argent, dont, en somme, même les fils non émancipés pouvaient commercer.

Ensuite, la *res* n'a pas dû être, à l'origine, la chose brute et seulement tangible, l'objet simple et passif de transaction qu'elle est devenue. Il semble que l'étymologie la meilleure est celle qui compare avec le mot sanscrit rah, ratih [6], don, cadeau, chose agréable. La res a dû être, avant tout, ce qui fait plaisir à quelqu'un d'autre [7]. D'autre part, la chose est toujours marquée, au sceau, à la marque de propriété de la famille. On comprend dès lors que de ces

---

reproduit ce texte en disant super familia pecuniaque. Familia égale res et substantia, encore au Code (JUSTINIEN), VI, XXX, 5. Cf. encore familia rastica et urbana, Dig., L. XVI, de verb. sign., no 166.

[1]   CICÉRON, De Oral., 56 ; Pro Caecina, VII. - TÉRENCE, Decem dierum vix mihi est familia.

[2]   WALDE, Latein. etymol. Wörterb., p. 70. M. Walde hésite sur l'étymologie qu'il propose, mais il n'y a pas à hésiter. Au surplus, la res principale, le mancipium par excellence de la familia, c'est l'esclave mancipium dont l'autre nom famulus a la même étymologie que familia.

[3]   Sur la distinction familia pecuniaque attestée par les sacratae leges (V. FESTUS, ad verbum) et par de nombreux textes, v. GIRARD, Textes, p. 841, no 2; Manuel, pp. 274, 263, no 3. Il est certain que la nomenclature n'a pas toujours été très sûre, mais, contrairement à l'avis de M. Girard, nous croyons que c'est anciennement, à l'origine, qu'il y a eu une distinction très précise. La division se retrouve d'ailleurs en osque, famelo in eituo (Lex Bantia, I. 13).

[4]   La distinction des res mancipi et des res nec mancipi n'a disparu du droit romain qu'en l'an 532 de notre ère, par une abrogation expresse du droit quiritaire.

[5]   Sur la mancipatio, v. plus loin. Le fait qu'elle ait été requise, oit licite tout au moins, jusqu'à une époque si tardive prouve avec quelle difficulté la familia se défaisait des res mancipi.

[6]   Sur cette étymologie, v. WALDE, p. 650, ad verb. Cf. rayih, propriété, chose précieuse, talisman ; cf. avestique rae, rayyi, mêmes sens; cf. vieil irlandais rath, « présent gracieux ».

[7]   Le mot qui désigne la res en osque est egmo, cf. Lex Bant., 1. 6, 11, etc. Walde rattache egmo à egere, c'est la « chose dont on manque ». Il est bien possible que les anciennes langues italiques aient eu deux mots correspondants et antithétiques pour désigner la chose qu'on donne et qui fait plaisir res, et la chose dont on manque egmo et qu'on attend.

choses mancipi, la tradition solennelle [1], mancipatio, crée un lien de droit. Car, entre les mains de *l'accipiens elle* reste encore, en partie, un moment, de la « famille » du premier propriétaire ; elle lui reste liée et elle lie l'actuel possesseur jusqu'à ce que celui-ci soit dégagé par l'exécution du contrat, c'est-à-dire, par la tradition compensatoire de la chose, du prix ou service qui liera à son tour le premier contractant.

SCOLIE

-

La notion de la force inhérente à la chose n'a d'ailleurs jamais quitté le droit romain sur deux points : le vol, furtum et les contrats re.

En ce qui concerne le vol [2], les actions et obligations qu'il entraîne sont nettement dues à la puissance de la chose. Elle a une aeterna auctoritas en elle-même [3], qui se fait sentir quand elle est volée et pour toujours. Sous ce rapport, la res romaine ne diffère pas de la propriété hindoue ou haïda [4].

Les contrats re forment quatre des contrats les plus importants du droit : prêt, dépôt, gage et commodat. Un certain nombre de contrats innommés aussi - en particulier ceux que nous croyons avoir été, avec la vente, à l'origine du contrat lui-même - le don et l'échange [5], sont dits également re. Mais ceci était fatal. En effet, même dans nos droits actuels, comme dans le droit romain, il est impossible de sortir ici [6] des plus anciennes règles du droit : il faut qu'il y ait chose ou service pour qu'il y ait don et il faut que la chose ou le service obligent. Il est évident par exemple que la révocabilité de la donation pour cause d'ingratitude, qui est de droit romain récent [7], mais qui est constante dans nos droits à nous, est une institution de droit normal, naturel peut-on dire.

Mais ces faits sont partiels et ne prouvent que pour certains contrats. Notre thèse est plus générale. Nous croyons qu'il n'a pu y avoir, dans les époques très anciennes du droit romain, un seul moment où l'acte de la traditio d'une res, n'ait pas été - même en plus des paroles et des écrits -l'un des moments essentiels. Le droit romain a d'ailleurs toujours hésité

---

1   V. plus loin.

2   V. HUVELIN, Furtum (Mélanges Girard), p. 159 à 175; Élude sur le Furtum. 1, Les sources, p. 272.

3   Expression d'une très vieille loi, Lex Atinia, conservée par AULUGELLE, XVII, 7, Quod subruplum erit ejus rei aeterna auctoritas esto. Cf. extraits d'ULPIEN, III, p. 4 et 6; cf. HUVELIN, Magie et Droit individuel, p. 19.

4   V. plus loin. Chez les Haïda, le volé n'a qu'à mettre un plat à la porte du voleur et la chose revient d'ordinaire

5   GIRARD, Manuel, p. 265. Cf. Dig., XIX, IV, De permut, 1, 2 : permutatio autem ex re tradita initium obligationi praebet.

6   Mod. Regul., dans Dig., XLIV, VII, de Obl. et act., 52, re obligamur cum res ipsa intercedit.

7   JUSTINIEN (en 532 J.-C.), Code VIII, LVI, 10.

sur cette question [1]. Si, d'une part, il proclame que la solennité des échanges, et au moins le contrat, est nécessaire comme prescrivent les droits archaïques que nous avons décrits, s'il disait nunquam nuda traditio transfert dominium [2] ; il proclamait également, encore à une aussi tardive époque que Dioclétien [3] (298 J.-C.) : Traditionibus et usucapionibus dominia, non pactis transferuntur. La res, prestation ou chose, est un élément essentiel du contrat.

Au surplus, toutes ces questions fort débattues sont des problèmes de vocabulaire et de concepts et, vu la pauvreté des sources anciennes, on est très mal placé pour les résoudre.

Nous sommes assez sûr jusqu'à ce point de notre fait. Cependant, il est peut-être permis de pousser encore plus loin et d'indiquer aux juristes et aux linguistes une avenue peut-être large où l'on peut faire passer une recherche et au bout de laquelle on peut peutêtre imaginer tout un droit effondré déjà lors de la loi des Douze Tables et probablement bien avant. D'autres termes de droit que familia, res se prêtent à une étude approfondie. Nous allons ébaucher une série d'hypothèses, dont chacune n'est peut-être pas très importante, mais dont l'ensemble ne laisse pas de former un corps assez pesant.

Presque tous les termes du contrat et de l'obligation, et un certain nombre des formes de ces contrats semblent se rattacher à ce système de liens spirituels créés par le brut de la traditio.

Le contractant d'abord est reus [4] ; c'est avant tout l'homme qui a reçu la res d'autrui, et devient à ce titre son reus, c'est-à-dire l'individu qui lui est lié par la chose elle-même, c'est-à-dire par son esprit [5]. L'étymologie a déjà été proposée. Elle a été souvent éliminée comme ne donnant aucun sens ; elle en a au contraire un très net. En effet, comme le fait remarquer Hirn [6], reus est originairement un génitif en os de res et remplace rei-jos. C'est l'homme qui est possédé par la chose. Il est vrai que Hirn et Walde qui le reproduit [7] traduisent ici res par « procès » et rei-jos par « impliqué dans le procès » [8]. Mais cette traduction est arbitraire,

---

[1]   GIRARD, Manuel, p. 308.

[2]   PAUL, Dig., XLI, I, 31, I.

[3]   Code, II, III, De pactis, 20.

[4]   Sur le sens du mot reus, coupable, responsable, v. MOMMSEN, Römisches Strafrecht, 3e éd. p. 189. L'interprétation classique provient d'une sorte d'a priori historique qui fait du droit publie personnel et en particulier criminel le droit primitif, et qui voit dans les droits réels et dans les contrats des phénomènes modernes et raffinés. Alors qu'il serait si simple de déduire les droits du contrat lui-même !

[5]   Reus appartient d'ailleurs à la langue de la religion (V. WISSOWA, Rel. u. Kultus der Römer, p. 320, no 3 et 4), non moins que du droit : voit reus, Énéide, V, 237 ; reus qui voto se numinibus obligat (SERVIUS, Ad AEn., IV, v. 699). L'équivalent de reus est voti damnatus (VIRGILE, Egl., V. v. 80) ; et ceci est bien symptomatique puisque damnatus = nexus. L'individu qui a fait un voeu est exactement dans la position de celui qui a promis ou reçu une chose. Il est damnatus jusqu'à ce qu'il se soit acquitté.

[6]   Indo-germ. Forsch., XIV, p. 131.

[7]   Latein. Etymol. Wörterb., p. 651, ad verb. reus.

[8]   C'est l'interprétation des plus vieux juristes romains eux-mêmes (CICÉRON, De Or., II, 183, Rei omnes quorum de re disceptatur) ; ils avaient toujours le sens res = affaire présent à J'esprit. Mais elle a cet intérêt qu'elle garde le souvenir du temps des Douze Tables, II, 2, où reus ne désigne pas seulement l'accusé mais les deux parties en toute affaire, l'actor et le reus des procédures récentes. Festus (ad verb. reus, cf. autre

supposant que le terme *res* est avant tout un terme de procédure. Au contraire, si l'on accepte notre dérivation sémantique, toute res et toute traditio de res étant l'objet d'une « affaire », d'un « procès » public, on comprend que le sens d' « impliqué dans le procès » soit au contraire un sens secondaire. A plus forte raison le sens de coupable pour reus est-il encore plus dérivé et nous retracerions la généalogie des sens de la façon directement inverse de celle que l'on suit d'ordinaire. Nous dirions : 1° l'individu possédé par la chose 2° l'individu impliqué dans l'affaire causée par la traditio de la chose 3° enfin, le coupable et le responsable [1]. De ce point de vue, toutes les théories du « quasi-délit », origine du contrat, du nexum et de l'actio, sont un peu plus éclaircies. Le seul fait d'avoir la chose met l'accipiens dans un état incertain de quasi-culpabilité (damnatus, nexus, aere obaeratus), d'infériorité spirituelle, d'inégalité morale (magister, minister) [2] vis-à-vis du livreur (tradens).

Nous rattachons également à ce système d'idées un certain nombre de traits très anciens de la forme encore pratiquée sinon comprise de la mancipatio [3], de l'achat-vente qui deviendra *l'emptio venditio* [4], dans le très ancien droit romain. En premier lieu faisons attention qu'elle comporte toujours une traditio [5]. Le premier détenteur, tradens, manifeste sa pro-

---

fragment « pro utroque ponitur »), commentant les Douze Tables, cite deux très vieux jurisconsultes romains à ce sujet. Cf. ULPIEN au Dig., II, XI, 2, 3, alteruter ex litigatoribus. Les deux parties sont également liées par le procès. Il y a lieu de supposer qu'elles étaient également liées par la chose, auparavant.

[1] La notion de reus, responsable d'une chose, rendu responsable par la chose, est encore familière aux très vieux jurisconsultes romains que cite Festus (ad verb.), « reus stipulando est idem qui stipulator dicitur, ... reus promittendo qui suo nomine alteri quid promisit », etc. Festus fait évidemment allusion à la modification du sens de ces mots dans ce système de Cautionnement qu'on appelle la corréalité; mais les vieux auteurs parlaient d'autre chose. D'ailleurs, la corréalité (ULPIEN au Dig., XIV, VI, 7, 1, et le titre Dig., XLV, II, de duo. reis const.) a gardé le sens de ce lien indissoluble qui lie l'individu à la chose, en l'espèce, l'affaire, et avec lui, « ses amis et parents » corréaux.

[2] Dans la Lex Bantia, en osque, minstreis = minoris partis (1. 19), c'est la partie qui succombe au procès. Tant le sens de ces termes n'a jamais été perdu, dans les dialectes italiques !

[3] Les romanistes semblent faire remonter trop haut la division : mancipatio et emptio venditio. A l'époque des Douze Tables et probablement bien après, il est peu vraisemblable qu'il y ait eu des contrats de vente qui aient été de purs contrats consensuels comme ils sont devenus par la suite à une date qu'on peut à peu près dater, à l'époque de Q. M. Scaevola. Les Douze Tables emploient le mot venum duuit juste pour désigner la vente la plus solennelle qu'on puisse faire et qui certainement ne pouvait s'opérer que par mancipatio, celle d'un fils (XII T., IV, 2). D'autre part, au moins pour les choses mancipi, à cette époque la vente s'opère exclusivement, en tant que contrat, par un mancipatio ; tous ces termes sont donc synonymes. Les Anciens gardaient le souvenir de cette confusion. V. POMPONIUS, Digeste, XL, VII, de statuliberis : « quoniam Lex XII, T., emtionis verbo omnem alienationem complexa videatur ». Inversement, le mot mancipatio a bien longtemps désigné, jusqu'à l'époque des Actions de la Loi, des actes qui sont de purs contrats consensuels, comme la fiducia, avec laquelle elle est quelquefois confondue. V. documents dans GIRARD, Manuel, p. 545; cf. p. 299. Même mancipatio, mancipium et nexum ont été, sans doute à un moment donné très ancien, employés assez indifféremment.

Cependant, en réservant cette synonymie, nous considérons dans ce qui suit exclusivement la mancipatio des res qui font partie de la familia et nous partons du principe conservé par ULPIEN, XIX, 3 (Cf. GIRARD, Manuel, p. 303) : « mancipatio... propria alienatio rerum mancipi ».

[4] Pour VARRON, De re rustica, II, 1, 15; II, 2, 5; II, V, II ; II, 10, 4, le mot d'emptio comprend la mancipatio.

[5] On peut même imaginer que cette traditio s'accompagnait de rites du genre de ceux qui nous sont conservés dans le formalisme de la manumissio de la libération de l'esclave qui est censé s'acheter lui-même. Nous sommes mal informés sur les gestes des deux parties dans la mancipatio et d'autre part, il est bien

priété, se détache solennellement de sa chose, la livre et ainsi achète l'accipiens. En second lieu, à cette opération, correspond la mancipatio proprement dite. Celui qui reçoit la chose la prend dans sa manus et non seulement la reconnaît acceptée, mais se reconnaît lui-même vendu jusqu'à paiement. On a l'habitude, à la suite des prudents Romains, de ne considérer qu'une mancipatio et de ne la comprendre que comme une prise de possession, mais il y a plusieurs prises de possession symétriques, de choses et de personnes, dans la même opération [1].

On discute d'autre part, et fort longuement, la question de savoir si l'emptio venditio [2] correspond à deux actes séparés ou à un seul. On le voit, nous fournissons une autre raison de dire que c'est deux qu'il faut compter, bien qu'ils puissent se suivre presque immédiatement dans la vente au comptant. De même que dans les droits plus primitifs, il y a le don, puis le don rendu, de même il y a en droit romain ancien la mise en vente, puis le paiement. Dans ces conditions il n'y a aucune difficulté à comprendre tout le système et même en plus la stipulation [3].

En effet, il suffit presque de remarquer les formules solennelles dont on s'est servi: celle de la mancipatio, concernant le lingot d'airain, celle de l'acceptation de l'or de l'esclave qui se rachète [4] (cet or « doit être pur, probe, profane à lui », puri, probi, profani, sui) ; elles sont identiques. De plus, elles sont toutes les deux des échos de formules de la plus vieille emptio, celle du bétail et de l'esclave, qui nous a été conservée sous sa forme du jus civile [5]. Le deuxième détenteur n'accepte la chose qu'exempte de vices et surtout de vices magiques ; et il ne l'accepte que parce qu'il peut rendre ou compenser, livrer le prix. A noter, les expressions : reddit pretium, reddere, etc., où apparaissent encore la radical dare [6].

D'ailleurs Festus nous a conservé clairement le sens du terme emere (acheter) et même de la forme de droit qu'il exprime. Il dit encore : « abemito significat demito vel auferto; emere enimanti qui dicebant pro accipere » (s. v. abemito) et il revient ailleurs sur ce sens : « Emere quod nunc est mercari antiqui accipiebant pro sumere » (S. v. emere), ce qui est

---

remarquable que la formule de la manumissio (FESTUS, s. v. puri) est au fond identique à celle de l'emptio venditio du bétail. Peut-être, après avoir pris dans sa main la chose qu'il livrait, le tradens la frappait-il de sa paume. On peut comparer le vus rave, la tape sur le cochon (!les Banks, Mélanésie) et la tape de nos foires sur la croupe du bétail vendu. Mais ce sont des hypothèses que nous ne nous permettrions pas si les textes, et en particulier celui de Gains, n'étaient pas, à cet endroit précis, pleins de lacunes que des découvertes de manuscrits combleront sans doute un jour.

    Rappelons aussi que nous avons retrouvé un formalisme identique à celui de la « percussion » avec le cuivre blasonné, chez les Haïda, v. plus haut p. 124, no 5.

[1]   V. plus haut observations sur le nexum.

[2]   CUQ, Institutions juridiques des Romains, tome II, p. 454.

[3]   V. plus haut. La stipulatio, l'échange des deux parties du bâton, correspond non pas seulement à d'anciens gages, mais à d'anciens dons supplémentaires.

[4]   FESTUS, ad manumissio.

[5]   V. VARRON, De re rustica : 2, 1, 15; 2, 5; 2, 5, 11 : sanos, noxis solutos, etc.

[6]   Noter aussi les expressions mutui datio, etc. En fait, les Romains n'avaient pas d'autre mot que dare donner, pour désigner tous ces actes qui consistent dans la traditio.

d'ailleurs le sens du mot indo-européen auquel se rattache le mot latin lui-même. Emere, c'est prendre, accepter quelque chose de quelqu'un [1].

L'autre terme de l'emptio venditio semble également faire résonner une autre musique juridique que celle des prudents Romains [2], pour lesquels il n'y avait que troc et donation quand il n'y avait pas prix et monnaie, signes de la vente. Vendere, originairement venumdare, est un mot composé d'un type archaïque [3], préhistorique. Sans aucun doute il comprend nettement un élément dare, qui rappelle le don et la transmission. Pour l'autre élément, il semble bien emprunter un terme indo-européen qui signifiait déjà non pas la vente, mais le prix de vente [...], sanskrit vasnah, que Hirn [4] a rapproché d'ailleurs d'un mot bulgare qui signifie dot, prix d'achat de la femme.

AUTRES DROITS INDO-EUROPÉENS

-

Ces hypothèses concernant le très ancien droit romain sont plutôt d'ordre préhistorique. Le droit et la morale et l'économie des Latins ont dû avoir ces formes, niais elles étaient oubliées quand leurs institutions sont entrées dans l'histoire. Car ce sont justement les Romains et les Grecs [5], qui, peut-être à la suite des Sémites du Nord et de l'Ouest [6], ont

---

[1]   WALDE, ibid., p. 253.

[2]   Dig., XVIII, I, - 33, Extraits de Paul.

[3]   Sur les mots de ce type, v. ERNOUT, Credo-Craddhâ (Mélanges Sylvain Lévi, 1911). Encore un cas d'identité, comme pour res et tant d'autres mots, des vocabulaires juridiques italo-celtiques et indo-iraniens. Remarquons les formes archaïques de tous ces mots : tradere, reddere.

[4]   V. WALDE, ibid., s. v. Vendere.
        Il est même possible que le très vieux terme de licitatio conserve un souvenir de l'équivalence de la guerre et de la vente (à l'enchère) : « Licitati in mercando sive pugnando contendentes », dit encore Festuc, ad verb. Licistati ; comparez l'expression tlingit, kwaklutl : « guerre de propriété » ; cf. plus haut p. 97, no 2, pour des enchères et des potlatch.

[5]   Nous n'avons pas suffisamment étudié le droit grec ou plutôt les survivances du droit qui a dû précéder les grandes codifications des Ioniens et des Doriens, pour pouvoir dire si vraiment les différents peuples grecs ont ignoré ou connu ces règles du don. Il faudrait revoir toute une littérature à propos des questions variées : dons, mariages, gages (v. GERNET, Eyyuxt, Revue des Études grecques, 1917 ; Cf. VINOGRADOFF, Outlines of the History of Jurisprudence, 1, p. 235), hospitalité, intérêt et contrats, et nous ne retrouverions encore que des fragments. En voici cependant un : ARISTOTE, Éthique à Nicomaque, 1123 a 3, à propos du citoyen magnanime et de ses dépenses publiques et privées, de ses devoirs et de ses charges, mentionne les réceptions d'étrangers, les ambassades, [...], comment ils dépensent [...], et il ajoute [...] « Les dons ont quelque chose d'analogue aux consécrations » (cf. plus haut p. 99, no 1, Tsimshian).
        Deux autres droits indo-européens vivants présentent des institutions de ce genre : Albanais et Ossétien. Nous nous bornons à référer aux lois ou décrets modernes qui prohibent ou limitent chez ces peuples les excès des dilapidations en cas de mariage, mort, etc., ex. KOVALEWSKI, Coutume contemporaine et Loi ancienne, p. 187, n.

[6]   On sait que presque toutes les formules du contrat sont attestées par les papyrus araméiques des Juifs de Philae en Égypte, Ve siècle avant notre ère. V. COWLEY, Aramaic Papyri, Oxford, 1923. On connaît aussi les travaux d'Ungnad sur les contrats babyloniens (v. Année, XII, HUVELIN, p. 508, et CUQ, Études sur les contrats de l'époque de la ire Dynastie babylonienne (Nouv. Rev. Hist. du Dr., 1910).

inventé la distinction des droits personnels et des droits réels, séparé la vente du don et de l'échange, isolé l'obligation morale et le contrat, et surtout conçu la différence qu'il y a entre des rites, des droits et des intérêts. Ce sont eux qui, par une véritable, grande et vénérable révolution ont dépassé toute cette moralité vieillie et cette économie du don trop chanceuse, trop dispendieuse et trop somptuaire, encombrée de considérations de personnes, incompatible avec un développement du marché, du commerce et de la production, et au fond, à l'époque, anti-économique.

De plus, toute notre reconstitution n'est qu'une hypothèse vraisemblable. Cependant son degré de probabilité s'accroît en tout cas du fait que d'autres droits indo-européens, des droits véritables et écrits, ont sûrement connu, à des époques encore historiques, relativement proches de nous, un système du genre de celui que nous avons décrit dans ces sociétés océaniennes et américaines qu'on appelle vulgairement primitives et qui sont tout au plus archaïques. Nous pouvons donc généraliser avec quelque sécurité.

Les deux droits indo-européens qui ont le mieux conservé ces traces sont le droit germanique et le droit hindou. Ce sont aussi ceux dont nous avons des textes nombreux.

II

DROIT HINDOU CLASSIQUE [1]
THÉORIE DU DON

N. B. - Il y a, à se servir des documents hindous juridiques, une difficulté assez grave. Les codes et les livres épiques qui les valent en autorité ont été rédigés par les brahmanes et, on peut le dire, sinon pour eux, du moins à leur profit à l'époque même de leur triomphe [2]. Ils

---

[1] Le droit hindou ancien nous est connu par deux séries de recueils de rédaction assez tardive par rapport au reste des Écritures. La plus ancienne série est constituée par les Dharmasutra auxquels Balder assigne une date antérieure au boudhisme (Sacred Laws dans Sacred Books of the East, intr.). Mais il n'est pas évident qu'un certain nombre de ces sutra - sinon la tradition sur laquelle ils sont fondés - ne datent pas d'après le bouddhisme. En tout cas, ils font partie de ce que les Hindous appellent la Çruti, la Révélation. L'autre série est celle de la smrti, la Tradition, ou des Dharmaçastra : Livres de la Loi dont le principal est le fameux code de Manu qui, lui, est à peine postérieur aux sutra.

Nous nous sommes cependant plutôt servi d'un long document épique, lequel a, dans la tradition brahmanique, une valeur de smrti et de Castra (tradition et loi enseignée). L'Anuçasanaparvan (livre XIII du Mahabharata) est bien autrement explicite sur la morale du don que les livres de loi. D'autre part, il a autant de valeur et il a la même inspiration que ceux-ci. En particulier, il semble qu'à la base de sa rédaction, il y a la même tradition de l'école brahmanique des Manava que celle sur laquelle s'appuie le Code de MANU lui-même (V. BUHLER, The Laws of Manu, in Sacred Books of the East, P. LXX sq.). D'ailleurs, on dirait que ce parvan et Manu se citent l'un l'autre.

En tout cas, ce dernier document est inappréciable. Livre énorme d'une énorme épopée du don, dana-dharmakathanam, comme dit le commentaire, auquel plus du tiers du livre, plus de quarante « leçons sont consacrées ». De plus, ce livre est extrêmement populaire dans l'Inde. Le poème raconte comment il fut récité de façon tragique à Yudhisthira, le grand roi, incarnation de Dharma, la Loi, par le grand Roi-voyant Bhisma, couché sur son lit de flèches, au moment de sa mort.

Nous le citons dorénavant ainsi : Anuç., et Indiquons en général les deux références : no du vers et no du vers par adhyaya. Les caractères de transcription sont remplacés par les caractères d'italiques.

[2] Il est évident à plus d'un trait que, sinon les règles, au moins les rédactions des çastra et des épopées sont postérieures à la lutte contre le bouddhisme dont ils parlent. Ceci est en tout cas certain pour l'Anuçasanaparvan qui est plein d'allusions à cette religion. (V. en particulier l'Adhyaya, 120.) Peut-être même - tant la date des rédactions définitives peut être tardive - pourrait-on trouver une allusion au christianisme, précisément à propos de la théorie des dons, dans le même parvan (adynamie 114, vers 10), où Vyasa ajoute : « Telle est la loi enseignée avec subtilité (nipunena, Calcutta) (naipunena, Bombay) » : « qu'il ne fasse pas à autrui ce qui est contraire à son moi, voilà le dharma (la loi) résumé P (vers 5673). Mais, d'autre part, il n'est pas impossible que les brahmanes, ces faiseurs de formules et proverbes aient pu arriver par eux-mêmes à une pareille invention. En fait, le vers précédent (vers 9 = 5672) a une allure profondément brahmanique : « Tel autre se guide par le désir (et se trompe). Dans le refus et dans le don, dans le bonheur et dans le malheur, dans le plaisir et le déplaisir, c'est en rapportant à soi (à son moi) (les choses) que l'homme les mesure, etc. » Le commentaire de Nilakantha est formel et bien original, non chrétien : « Comme quelqu'un se conduit vis-à-vis des autres, ainsi (se conduisent les autres vis-à-vis de lui). C'est en sentant comment ou accepterait soi-même un refus après avoir sollicité.... etc., qu'on voit ce qu'il faut donner. »

ne nous montrent qu'un droit théorique. Ce n'est donc que par un effort de reconstitution, à l'aide des nombreux aveux qu'ils contiennent, que nous pouvons entrevoir ce qu'étaient le droit et l'économie des deux autres castes, ksatriya et vaiçya. En l'espèce, la théorie, « la loi du don » que nous allons décrire, le danadharma, ne s'applique réellement qu'aux brahmanes, à la façon dont ils le sollicitent, le reçoivent... sans le rendre autrement que par leurs services religieux, et aussi à la façon dont le don leur est dû. Naturellement, c'est ce devoir de donner aux brahmanes qui est l'objet de nombreuses prescriptions. Il est probable que de tout autres relations régnaient entre gens nobles, entre familles princières, et, à l'intérieur des nombreuses castes et races, parmi les gens du commun. Nous les devinons à peine. Mais il n'importe. Les faits hindous ont une dimension considérable.

L'Inde ancienne, immédiatement après la colonisation aryenne, était en effet doublement un pays de potlach [1]. D'abord, le potlatch se retrouve encore dans deux très grands groupes qui étaient autrefois beaucoup plus nombreux et ont formé le substrat d'une grande partie de la population de l'Inde : les tribus de l'Assam (thibéto-birmanes) et les tribus de souche munda (austro-asiatiques). On a même le droit de supposer que la tradition de ces tribus est celle qui a subsisté dans un décor brahmanique [2]. Par exemple, on pourrait voir les traces [3] d'une institution comparable à l'indjok batak et aux autres principes d'hospitalité malaise dans les règles qui défendent de manger sans avoir invité l'hôte survenu : « il mange du poison halahalah (celui qui mange) sans participation de son ami ». D'autre part, des institutions de même genre sinon de même espèce ont laissé quelques traces dans le plus ancien Veda. Et comme nous les retrouvons dans presque tout le monde indo-européen [4], nous avons des raisons de croire que les Aryens les apportaient, eux aussi, dans l'Inde [5]. Les

---

[1]   Nous ne voulons pis dire que, dès une époque très ancienne, celle de la rédaction du Rig Veda, les Aryas arrivés dans l'Inde du Nord-Est n'ont pas connu le marché, le marchand, le prix, la monnaie, la vente (v. ZIMMERN, Altindisches Leben, p. 257 et suiv.) : Rig Veda, IV, 24, 9. Surtout l'Atharva Veda est familier avec cette économie. Indra lui-même est un marchand. (Hymne, 111, 15, employé dans Kauçika-sutra, VII, 1 ; VII, 10 et 12, dans un rituel d'homme allant à une vente. V. cependant dhanada, ibid., v. 1, et vajin, épithète d'Indra, ibid.

Nous ne voulons pas (lire non plus que le contrat n'ait eu dans l'Inde que cette origine, partie réelle, partie personnelle et partie formelle de la transmission des biens, et que l'Inde n'ait pas connu d'autres formes d'obligations, par exemple le quasi-délit. Nous ne cherchons à démontrer que ceci : la subsistance, à côté de ces droits, d'un autre droit, d'une autre économie et d'une autre mentalité.

[2]   En particulier, il a dû avoir - comme il y en a encore dans les tribus et nations aborigènes -des prestations totales de clans et de villages. L'interdiction faite aux brahmanes (Vasistha, 14, 10, et Gautama, XIII, 17 ; MANU, IV, 217) d'accepter quoi que ce soit « de multitudes » et surtout (le participer à un festin offert par elles, vise sûrement des usages de ce genre.

[3]   Anuç., vers 5051 et vers 5045 (= Adh. 104, vers 98 et 95) : « qu'il ne consomme pas de liquide dont l'essence est ôtée... ni sans en faire le don à celui qui est assis à table avec lui » (commentaire : et qu'il a fait asseoir et qui doit manger avec lui).

[4]   Par exemple l'adanam, don que font les amis aux parents du jeune tonsuré ou du jeune initié, à la fiancée et au fiancé, etc., est identique, même dans le titre au gaben, germanique dont nous parlons plus loin (v. les grhgasutra (rituels domestiques), OLDENBERG, Sacred Books à l'index sous ces divers titres).

Autre exemple, l'honneur qui provient des cadeaux (de nourriture), Anuç., 122, vers 12, 13 et 14 - « Honorés, ils honorent; eux décorés, ils décorent. » « C'est un donateur ici, là, dit-on », de toutes parts, il est glorifié. » (Anuc., vers 5850.)

[5]   Une étude étymologique et sémantique permettrait d'ailleurs d'obtenir ici des résultats analogues a ceux que nous avons obtenus à propos du droit romain. Les plus vieux documents védiques fourmillent de mots (font

deux courants ont sans doute conflué à une époque que l'on peut presque situer, contemporaine des parties postérieures du Veda et de la colonisation des deux grandes plaines des deux grands fleuves, l'Indus et le Gange. Sans doute aussi ces deux courants se renforcèrent l'un l'autre.

Aussi, dès que nous quittons les temps védiques de la littérature, trouvons-nous cette théorie extraordinairement développée comme ces usages. Le Mahabharata est l'histoire d'un gigantesque potlatch; jeu des dés des Kauravas contre les Pandavas; tournois et choix de fiancés par Draupadi soeur et épouse polyandre des Pandavas [1]. D'autres répétitions du même cycle légendaire se rencontrent parmi les plus beaux épisodes de l'épopée, par exemple le roman de Nala et de Damayanti raconte, comme le Mahabharata entier, la construction d'assemblée d'une maison, un jeu de dés, etc... [2] Mais tout est défiguré par la tournure littéraire et théologique du récit.

D'ailleurs, notre démonstration actuelle ne nous oblige pas à doser ces multiples origines et à reconstituer hypothétiquement le système complet [3]. De même, la quantité des

les étymologies sont encore plus claires que celles des termes latins et qui supposent tous, même ceux qui concernent le marché et la vente, un autre système où des échanges, des dons et des paris tenaient lieu des contrats auxquels nous pensons d'ordinaire quand nous parlons de ces choses. On a souvent remarqué l'incertitude (d'ailleurs générale dans toutes les langues indo-européennes), des sens du mot sanscrit que nous traduisons par donner : da, et de ses dérivés infiniment nombreux, Ex. ada, recevoir, prendre, etc.

Par exemple encore, choisissons même les deux mots védiques qui désignent le mieux l'acte technique de la vente; ce sont : parada çulkaya, vendre à un prix, et tous les mots dérivés du verbe pan, ex. pani, marchand. Outre que parada comprend da, donner, çulka qui a vraiment le sens technique du latin pretium, veut dire bien autre chose : il signifie, non seulement valeur et prix, mais encore : prix du combat, prix de la fiancée, salaire du service sexuel, impôt, tribut. Et pan qui a donné, dès le Rig Veda, le mot pani (marchand, avare, cupide, et un nom d'étrangers), et le nom (le la monnaie, pana (plus tard le fameux karsapana), etc., veut dire vendre, aussi bien que jouer, parier, se battre pour quelque chose, donner, échanger, risquer, oser, gagner, mettre en jeu. De plus, il n'est sans doute pas nécessaire de supposer que pan, honorer, louer, apprécier, soit un verbe différent du premier. Pana, monnaie, veut dire aussi bien : la chose que l'on vend, le salaire, l'objet du pari et du jeu, la maison de jeux et même l'auberge qui a remplacé l'hospitalité. Tout ce vocabulaire lie des idées qui ne sont liées que dans le potlatch ; tout décèle le système origine] dont on s'est servi pour concevoir le système ultérieur de la vente proprement dite. Mais ne poursuivons pas cette tentative de reconstruction par étymologie. Elle n'est pas nécessaire dans le cas de l'Inde et nous mènerait loin hors du monde indo-européen sans doute.

[1]   V. résumé de l'épopée dans Mhbh. Adiparvan, lect. 6.

[2]   V. par ex. la légende de Hariçcandra, Sabhaparvan, Mahbh., livre II, lect. 12; autre ex. Virala Parvan, lect. 72.

[3]   Il faut convenir que, sur le sujet principal de notre démonstration, l'obligation de rendre, nous avons trouvé peu de faits dans le droit hindou, sauf peut-être MANU, VIII, 213. Même le plus clair consiste dans la règle qui l'interdit. Il semble bien qu'à l'origine, le çraddha funéraire, le repas des morts que les brahmanes ont tant développé, était une occasion de s'inviter et de rendre les invitations. Or, il est formellement défendu de procéder ainsi. Arme., vers 4311, 4315 = XIII, lect. 90, v. 43 sq. : « Celui qui n'invite que des amis au çraddha ne vas pas au ciel. Il ne faut inviter ni amis ni ennemis, mais des neutres, etc. Le salaire des prêtres offert à des prêtres qui sont des amis porte le nom de démoniaque » (piçaca), v. 4316. Cette interdiction constitue sans doute une véritable révolution par rapport à des usages courants. Même le poète juriste la rattache à un moment et à une école déterminés (Vaikhanasa Çruti, ibid., vers 4323 = lect. 90, vers 51). Les malins brahmanes ont en effet chargé les dieux et les mânes de rendre les présents qu'on leur fait à eux. Le

classes qui y étaient intéressées, l'époque où il fleurit n'ont pas besoin d'être très précisées dans un travail de comparaison. Plus tard, pour des raisons qui ne nous concernent pas ici, ce droit disparut, sauf en faveur des brahmanes ; mais on peut dire qu'il fut certainement en vigueur, pendant six à dix siècles, du vine siècle avant notre ère aux deux ou troisième après notre ère. Et cela suffit : l'épopée et la loi brahmanique se meuvent encore dans la vieille atmosphère : les présents y sont encore obligatoires, les choses y ont des vertus spéciales et font partie des personnes humaines. Bornons-nous à décrire ces formes de vie sociale et à étudier leurs raisons. La simple description sera assez démonstrative.

La chose donnée produit sa récompense dans cette vie et dans l'autre. Ici, elle engendre automatiquement pour le donateur la même chose qu'elle [1] : elle n'est pas perdue, elle se reproduit; là-bas, c'est la même chose augmentée que l'on retrouve. La nourriture donnée est de la nourriture qui reviendra en ce monde au donateur ; c'est de la nourriture, la même, pour lui dans l'autre monde ; et c'est encore de la nourriture, la même, dans la série de ses renaissances [2] : l'eau, les puits et les fontaines qu'on donne assurent contre la soif [3] ; les vêtements, l'or, les ombrelles, les sandales qui permettent de marcher sur le sol brûlant, vous reviennent dans cette vie et dans l'autre. La terre dont vous avez fait donation et qui produit ses récoltes pour autrui fait cependant croître vos intérêts dans ce monde et dans l'autre et dans les renaissances futures. « Comme de la lune la croissance s'acquiert de jour en jour, de même le don de terre une fois fait s'accroît d'année en année (de récolte en récolte) [4]. » La terre engendre des moissons, des rentes et des impôts, des mines, du bétail. Le don qui en est fait enrichit de ces mêmes produits le donateur et le donataire [5]. Toute cette théologie juridico-économique se développe en magnifiques sentences à l'infini, en centons versifiés sans nombre, et ni les codes ni les épopées ne tarissent à ce sujet [6].

---

commun des mortels sans nul doute continua à inviter ses amis au repas funéraire. Il continue d'ailleurs encore actuellement dans l'Inde. Le brahmane, lui, ne rendait, n'invitait et même, au fond, n'acceptait pas. Cependant ses codes nous ont gardé assez de documents pour illustrer notre cas.

[1]   Vas. Dh. su., XXIX, 1, 8, 9, Il à 19 =MANU, IV, 229 s.. Cf. Anuç., toutes les lectures de 64 à 69 (avec citations de Paraçara). Toute cette partie du livre semble avoir pour base une sorte de litanie ; elle est à moitié astrologique et débute par un danakalpa, lect. 64, déterminant les constellations sous lesquelles il faut que ceci ou cela soit donné par tel ou tel, à tel ou tel.

[2]   Anuç., 3212; même celle qu'on offre aux chiens et au çudra, à « celui qui cuit pour le chien » (susqui cuit le chien) çvapaka (= lect. 63, vers 13. Cf. ibid., vers 45 = v. 3243, 3248).

[3]   V. les principes généraux sur la façon dont on retrouve les choses données dans la série des renaissances (XIII, lect. 145, vers 1-8, vers 23 et 30). Les sanctions concernant l'avare sont exposées dans la même lecture, vers 15 à 23. En particulier, il « renaît dans une famille pauvre ».

[4]   Anuç., 3135 ; cf. 3162 (= lect. 62, vers 33, 90).

[5]   Vers 3162 (= ibid., vers 90).

[6]   Au fond, tout ce parvan, ce chant du Mahabharata est une réponse à la question suivante : Comment acquérir la Fortune, Çri déesse instable ? Une première réponse est que Çri réside parmi les vaches, dans leur bouse et leur urine, où les vaches, ces déesses, lui ont permis de résider. C'est pourquoi faire (Ion d'une vache assure le bonheur (lect. 82 ; v. plus loin, p. 148, no 3). Une seconde réponse fondamentalement hindoue, et qui est même la base de toutes les doctrines morales de l'Inde, enseigne que le secret de la Fortune et du Bonheur c'est (lect. 163) de donner, de ne pas garder, de ne pas rechercher la Fortune, mais de la distribuer, pour qu'elle vous revienne, en ce monde, d'elle-même et sous la forme du bien que vous avez fait, et dans l'autre. Renoncer à soi, n'acquérir que pour donner, voilà la loi qui est celle de la nature et

La terre, la nourriture, tout ce qu'on donne, sont d'ailleurs personnifiées, ce sont des êtres vivants avec qui on dialogue et qui prennent part au contrat. Elles veulent être données. La terre parla autrefois au héros solaire, à Rama, fils de Jamadagni ; et quand il entendit son chant, il la donna tout entière au rsi Kaçyapa lui-même ; elle disait [1] en son langage, sans doute antique :

> Reçois-moi (donataire)
> donne-moi (donateur)
> me donnant tu m'obtiendras à nouveau.

et elle ajoutait, parlant cette fois un langage brahmanique un peu plat : « dans ce monde et dans l'autre, ce qui est donné est acquis à nouveau ». Un très vieux code [2] dit que Anna, la nourriture déifiée elle-même, proclama le vers suivant :

> Celui qui, sans me donner aux dieux, aux mânes, à ses serviteurs et à ses hôtes, (me) consomme préparée, et, dans sa folie, (ainsi) avale du poison, je le consomme, je suis sa mort.

> Mais à celui qui offre l'agnihotra, accomplit le çaiçvadeva [3], et mange ensuite - en contentement, en pureté et en foi - ce qui reste après qu'il a nourri ceux qu'il doit nourrir, pour celui-là, je deviens de l'ambroisie et il jouit de moi.

Il est de la nature de la nourriture d'être partagée ; ne pas en faire part à autrui c'est « tuer son essence », c'est la détruire pour soi et pour les autres. Telle est l'interprétation, matérialiste et idéaliste à la fois, que le brahmanisme a donnée de la charité et de l'hospitalité [4]. La richesse est faite pour être donnée. S'il n'y avait pas de brahmanes pour la recevoir, « vaine serait la richesse des riches » [1].

---

voilà la Source du vrai profit (vers 5657 = lect. 112, vers 27) : « Chacun doit rendre ses jours fertiles en distribuant des aliments. »

[1] Le vers 3136 (= lect. 62, vers 34) appelle cette stance une gàtha. Elle n'est pas un çloka ; elle provient donc d'une tradition ancienne. De plus, je le crois, le premier demi-vers mamevadaltha, main dattha, main dattva mamevapsyaya (vers 3137 = lect. 62, vers 35), peut fort bien s'isoler du second. D'ailleurs le vers 3132 l'isole par avance (= lect. 62, vers 30). « Comme une vache court vers son veau, ses mamelles pleines laissant tomber du lait, ainsi la terre bénie court vert le donateur de terres. »

[2] Baudhayana Dh. su., 11, 18, contemporain évident non seulement de ces règles d'hospitalité, mais encore du Culte de la Nourriture, dont on peut dire qu'il est contemporain des formes postérieures de la région védique et qu'il dura jusqu'au Vishnuïsme, où il a été intégré.

[3] Sacrifices brahmaniques de l'époque védique tardive. Cf. Baudh. Dh. su., 11, 6, 41 et 42. Cf. Taittiriya Aranyaka, VIII, 2.

[4] Toute la théorie est exposée dans le fameux entretien entre le rsi Maitreya et Vyasa, incarnation de Krsna dvaipaayana lui-même (Anuç., XIII, 120 et 121). Tout cet entretien où nous avons trouvé trace de la lutte du brahmanisme contre le bouddhisme, v. surtout vers 5802 (= XIII, 120, vers 10) doit avoir eu une portée historique, et faire allusion à une époque où le krishnaïsme vainquit. Mais la doctrine qui est enseignée est

Celui qui la mange sans savoir tue la nourriture et mangée elle le tue [2].

L'avarice interrompt le cercle du droit, des mérites, des nourritures renaissant perpétuellement les unes des autres [3].

D'autre part, le brahmanisme a nettement identifié dans ce jeu d'échanges, aussi bien qu'à propos du vol, la propriété à la personne. La propriété du brahmane, c'est le brahmane lui-même.

La vache du brahmane, elle est un poison, un serpent venimeux,

dit déjà le Veda des magiciens [4]. Le vieux code de Baudhayana [5] proclame : « La propriété du brahmane tue (le coupable) avec les fils et les petits-fils ; le poison n'est pas (du poison) ; la propriété du brahmane est appelée du poison (par excellence). » Elle contient en elle-même sa sanction parce qu'elle est elle-même ce qu'il y a de terrible dans le brahmane. Il n'y a même pas besoin que le vol de la propriété du brahmane soit conscient et voulu. Toute une « lecture » de notre Parvan [6], de la section du Mahabharata qui nous intéresse le plus, raconte comment Nrga, roi des Yadus, fut transformé en un lézard pour avoir, par la faute de ses gens, donné à un brahmane une vache qui appartenait à un autre brahmane. Ni celui qui l'a reçue de bonne foi ne veut la rendre, pas même en échange de cent mille autres; elle fait partie de sa maison, elle est des siens:

Elle est adaptée aux lieux et aux temps, elle est bonne laitière, paisible et très attachée. Son lait est doux, bien précieux et permanent dans ma maison (vers 3466).

Elle (cette vache) nourrit un petit enfant à moi qui est faible et sevré. Elle ne peut être donnée par moi... (vers 3467).

---

bien celle de l'ancienne théologie brahmanique et peut-être même celle de la morale nationale la plus ancienne de l'Inde... d'avant les Aryens.

[1]   Ibid., vers 5831 (= lect. 121, vers 11).

[2]   Ibid., vers 5832 (= 121, vers 12). Il faut lire annam avec l'édition de Calcutta et non artham (Bombay). Le deuxième demi-vers est obscur et sans doute mal transmis. Il signifie cependant quelque chose. « Cette nourriture qu'il mange, ce en quoi elle est une nourriture, il en est le meurtrier qui est tué, l'ignorant. » Les deux vers suivants sont encore énigmatiques, mais expriment plus clairement l'idée et font allusion à une doctrine qui devait porter un nom, celui d'un rsi : vers 5834 = ibid., 14), « le sage, le savant, mangeant de la nourriture, la fait renaître, lui, maître - et à son tour, la nourriture le fait renaître » (5863). « Voilà le développement (des choses). Car ce qui est le mérite du donnant est le mérite du recevant (et vice versa), car ici, il n'y a pas qu'une roue allant d'un seul côté. » La traduction de Pratâp (Mahâbhârata) est très paraphrasée, mais elle est fondée ici sur d'excellents commentaires et mériterait d'être traduite (sauf une erreur qui la dépare evam Janayati, vers 14 : c'est la nourriture et non la progéniture qui est reprocréée). Cf. = Ap. Dh. su., 11, 7 et 3. « Celui qui mange avant son hôte détruit la nourriture, la propriété, la descendance, le bétail, le mérite de sa famille. »

[3]   V. plus haut.

[4]   Atharvaveda, v. 18, 3 ; cf. ibid., v. 19, 10.

[5]   I, 5 et 16 (cf. plus haut l'aeterna auctoritas de la res volée).

[6]   Lect. 70, Elle vient à propos du don des vaches (dont le rituel est donné dans la lect. 69).

Ni celui à qui elle fut enlevée n'en accepte d'autre. Elle est la propriété des deux brahmanes, irrévocablement. Entre les deux refus, le malheureux roi reste enchanté pour des milliers d'années par l'imprécation qui y était contenue [1].

Nulle part la liaison entre la chose donnée et le donateur, entre la propriété et le propriétaire n'est plus étroite que dans les règles concernant le don de la vache [2]. Elles sont illustres. En les observant, en se nourrissant d'orge et de bouse de vache, en se couchant à terre, le roi Dharma [3] (la loi), Yudhisthira, lui-même, le héros principal de l'épopée, devint un « taureau » entre les rois. Pendant trois jours et trois nuits, le propriétaire de la vache l'imite et observe le « voeu de la vache [4] ». Il se nourrit exclusivement des « sucs de la vache » : eau, bouse, urine, pendant une nuit sur trois. (Dans l'urine réside Çri elle-même, la Fortune.) Pendant une nuit sur trois, il couche avec les vaches, sur le sol comme elles, et, ajoute le commentateur, « sans se gratter, sans tracasser la vermine », s'identifiant ainsi, « en âme unique, à elles [5] ». Quand il est entré dans l'étable, les appelant de noms sacrés [6], il ajoute : « la vache est ma mère, le taureau est mon père, etc. ». Il répétera la première formule pendant l'acte de donation. Et voici le moment solennel du transfert. Après louanges des vaches, le donataire dit :

Celles que vous êtes, celles-là je le suis, devenu en ce jour de votre essence, vous donnant, je me donne [7] (vers 3676).

Et le donataire en recevant (faisant le pratigrahana) [8] dit:

Mues (transmises) en esprit, reçues en esprit, glorifiez-nous nous deux, vous aux formes de Soma (lunaires) et d'Ugra (solaires) (vers 3677) [9].

---

[1]   Vers 14 et suiv. « La propriété du brahmane tue comme la vache du brahmane (tue) Nrga », vers 3462 (= ibid., 33) (et 3519 = lect. 71, vers 36).

[2]   Anuc., lect. 77, 72; lect. 76. Ces règles sont relatées avec un luxe de détails un pou invraisemblable et sûrement théorique. Le rituel est attribué à une école déterminée, celle de Brhaspati (lect. 76). Il dure trois jours et trois nuits avant l'acte et trois jours après; dans certaines circonstances, il dure même dix jours. (Vers 3532 = lect. 71, 49; vers 3597 = 73, 40 ; 3517 = 71, 32.)

[3]   Il vivait dans un constant « don de vaches » (gavam pradana), vers 3695 = lect. 76, vers 30.

[4]   Il s'agit ici d'une véritable initiation des vaches au donateur et du donateur aux vaches ; c'est une espèce de mystère, upanitesu gosu, vers 3667 (= 76, vers 2).

[5]   C'est en même temps un rituel purificatoire. Il se délivre ainsi de tout péché (vers 3673 = lect. 76, vers 8).

[6]   Samanga (ayant tous ses membres), Bahula (large grasse), vers 3670 (cf. vers 6042, les vaches dirent : « Bahula, Samanga. Tu es sans crainte, tu es apaisée, tu es bonne amie »). L'épopée n'oublie pas de mentionner que ces noms sont ceux du Veda, de la Çruti. Les noms sacrés en effet se retrouvent dans Atharvaveda, V, 4, 18, vers 3 et vers 4.

[7]   Exactement : « donateur de vous, je suis donateur de moi ».

[8]   « L'acte de saisir » le mot est rigoureusement équivalent d'accipere, [...] take, etc.

[9]   Le rituel prévoit qu'on peut offrir des « vaches en gâteau de sésame ou de beurre rance » et également des vaches « en or, argent ». Dans ce cas, elles étaient traitées comme de vraies vaches, cf. 3523, 3839. Les rites, surtout ceux (le la transaction, sont alors un peu plus perfectionnés. Des noms rituels sont donnés à ces vaches. L'un d'eux veut dire « la future ». Le séjour avec les vaches, « le vœu des vaches », est encore aggravé.

D'autres principes du droit brahmanique nous rappellent étrangement certaines des coutumes polynésiennes, mélanésiennes et américaines que nous avons décrites. La façon de recevoir le don est curieusement analogue. Le brahmane a un orgueil invincible. D'abord, il refuse d'avoir affaire en quoi que ce soit avec le marché. Même il ne doit accepter rien qui en vienne [1]. Dans une économie nationale où il y avait des villes, des marchés, de l'argent, le brahmane reste fidèle à l'économie et à la morale des anciens pasteurs indo-iraniens et aussi à celle des agriculteurs allogènes ou aborigènes des grandes plaines. Même il garde cette attitude digne du noble [2] qu'on offense encore en le comblant [3]. Deux « lectures » du Mahabharata racontent comment les sept rsi, les grands Voyants, et leur troupe, en temps de disette, alors qu'ils allaient manger le corps du fils du roi Çibi, refusèrent les cadeaux immenses et même les figues d'or que leur offrait le roi Çaivya Vrsadarbha et lui répondirent:

O roi, recevoir des rois est au début du miel, à la fin du poison (v. 4459 = Lect. 93, v. 34).

Suivent deux séries d'imprécations. Toute cette théorie est même assez comique. Cette caste entière, qui vit de dons, prétend les refuser [4]. Puis elle transige et accepte ceux qui ont été offerts spontanément [5]. Puis elle dresse de longues listes [6] des gens de qui, des circonstances où, et des choses [7] qu'on peut accepter, jusqu'à admettre tout en cas de famine [8], à condition, il est vrai, de légères expiations [9].

C'est que le lien que le don établit entre le donateur et le donataire est trop fort pour les deux. Comme dans tous les systèmes que nous avons étudiés précédemment, et même encore plus, l'un est trop lié à l'autre. Le donataire se met dans la dépendance du donateur [10]. C'est pourquoi le brahmane ne doit pas « accepter » et encore moins solliciter du roi. Divinité parmi les divinités, il est supérieur au roi et dérogerait s'il faisait autre chose que prendre. Et d'autre part, du côté du roi, la façon de donner importe autant que ce qu'il donne [11].

---

[1] Ap. Dh. su., I, 17 et 14, MANU, X, 86-95. Le brahmane peut vendre ce qui n'a pas été acheté. Cf. Ap. LA su., I, 19, 11.

[2] Cf. plus haut p. 51, no 2 ; p. 66, no 2, Mélanésie, Polynésie ; p. 1 (Germanie), p. 157, no 1 ; Ap. Dh. su., I, 18, 1 ; Gautama Dh. su., XVII, 3.

[3] Cf. Anuç., lect. 93 et 94.

[4] Ap. Dh. su., 1, 19 et 13, 3, où est cité Kanva, autre école brahmanique.

[5] MANU, IV, p. 233

[6] Gautama Dh. su., XVII, 6, 7 ; MANU, IV, 253. Liste des gens de qui le brahmane ne peut accepter, Gautama, XVII, 17 ; Cf. MANU, IV, 215 à 217.

[7] Liste des choses qui doivent être refusées. Ap., 1, 18, 1 ; Gautama, XVII. Cf. MANU, IV, 247 à 250.

[8] Voir toute la lect. 136 de l'Anuç. Cf. MANU, IV, p. 250 ; X, p. 101, 102. Ap. Dh. su., I, 18, 5-8 ; 14-15 ; Gaut., VIT, 4, 5.

[9] Baudh. Dh. su., 11, 5, 8 ; IV, 2, 5, La récitation des Taratsamandi = Rigveda, IX, 58.

[10] « L'énergie et l'éclat des sages sont abattus par le fait qu'ils reçoivent » (acceptent, prennent). « De ceux qui ne veulent pas accepter, gardetoi, 0 roi 1 », Anuç. (v. 2164 = lect. 35, vers 34).

[11] Gautama, XVII, 19, 12 sq. ; Ap., I, 17, 2. Formule de l'étiquette du don, MANU, VIT, p. 86.

Le don est donc à la fois ce qu'il faut faire, ce qu'il faut recevoir et ce qui est cependant dangereux à prendre. C'est que la chose donnée elle-même forme un lien bilatéral et irrévocable, surtout quand c'est un don de nourriture. Le donataire dépend de la colère du donateur [1], et même chacun dépend de l'autre. Aussi ne doit-on pas manger chez son ennemi [2].

Toutes sortes de précautions archaïques sont prises. Les codes et l'épopée s'étendent, comme savent s'étendre les littérateurs hindous, sur ce thème que dons, donateurs, choses données, sont termes à considérer relativement [3], avec précisions et scrupules, de façon qu'il n'y ait aucune faute dans la façon de donner et de recevoir. Tout est d'étiquette ; ce n'est pas comme au marché où, objectivement, pour un prix, on prend une chose. Rien n'est indifférent [4]. Contrats, alliances, transmissions de biens, liens créés par ces biens transmis entre personnages donnant et recevant, cette moralité économique tient compte de tout cet ensemble. La nature et l'intention des contractants, la nature de la chose donnée sont indivisibles [5]. Le poète juriste a su exprimer parfaitement ce que nous voulons décrire :

Ici il n'y a pas qu'une roue (tournant d'un seul côté) [6].

III

DROIT GERMANIQUE
(LE CAGE ET LE DON)

---

[1] Krodho hanti yad danam. « La colère tue le don, Anuç., 3638 = lect. 75, vers 16. »

[2] Ap., II, 6, 19 ; Cf. MANU, III, 5, 8, avec interprétation théologique absurde : dans ce cas, « on mange la faute de son hôte ». Cette interprétation se réfère à l'interdiction générale que les lois ont faite aux brahmanes d'exercer un de leurs métiers essentiels, qu'ils exercent encore et qu'ils sont censés ne pas exercer : de mangeurs de péchés. Ceci veut dire en tout cas qu'ils ne sort rien de bon de la donation, pour aucun des contractants.

[3] On renaît dans l'autre monde avec la nature de ceux dont on accepte la nourriture, ou de ceux dont on a la nourriture dans le ventre, ou de la nourriture elle-même.

[4] Toute la théorie est résumée dans une lecture qui semble récente. Anuç., 131, sous le titre exprès de danadharma (vers 3 = 6278) : « Quels dons, à qui, quand, par qui. » C'est là que sont joliment exposés les cinq motifs du don : le devoir, quand on donne aux brahmanes spontanément; l'intérêt (« Il me donne, il m'a donné, il me donnera »); la crainte (« je ne suis pas à lui, il n'est pas à moi, il pourrait me faire du mal ») ; l'amour il m'est cher, je lui suis cher »), « et il donne sans retard »; la pitié il est pauvre et se contente de peu »). V. aussi lect. 37.

[5] Il y aurait lieu aussi d'étudier le rituel par lequel on purifie la chose donnée, mais qui est évidemment aussi un moyen de la détacher du donateur. On l'asperge d'eau, à l'aide d'un brin d'herbe kuça (pour la nourriture, v. Gaut., V. 21, 18 et 19, Ap., 11, 9, 8. Cf. l'eau qui purifie de la dette, Anuç., lect. 69, vers 21 et commentaires de Prâtap (ad locum, p. 313).

[6] Vers 5834, v, plus haut p. 147, no 2.

Si les sociétés germaniques ne nous ont pas conservé des traces aussi anciennes et aussi complètes [1] de leur théorie du don, elles ont eu un système si net et si développé des échanges sous la forme de dons, volontairement et forcément donnés, reçus et rendus, qu'il en est peu d'aussi typiques.

La civilisation germanique, elle aussi, a été longtemps sans marchés [2]. Elle était restée essentiellement féodale et paysanne ; chez elle, la notion et même les mots de prix d'achat et de vente semblent d'origine récente [3]. Plus anciennement, elle avait développé, extrêmement, tout le système du potlatch, mais surtout tout le système des dons. Dans la mesure - et elle était assez grande - où les clans à l'intérieur des tribus, les grandes familles indivises à l'intérieur des clans [4], et où les tribus entre elles, les chefs entre eux, et même les rois entre eux, vivaient moralement et économiquement hors des sphères fermées du groupe familial, c'était sous la forme du don et de l'alliance, par des gages et par des otages, par des festins, par des présents, aussi grands que possible, qu'ils communiquaient, s'aidaient, s'alliaient. On a vu plus haut toute la litanie des cadeaux empruntés à l'Havamal. En plus de ce beau paysage de l'Edda nous indiquerons trois faits.

Une étude approfondie du très riche vocabulaire allemand des mots dérivés de geben et gaben, n'est pas encore faite [5].

---

[1]   Les faits sont connus par des monuments assez tardifs. La rédaction des chants de l'Edda est bien postérieure à la conversion des Scandinaves ait christianisme. Mais d'abord l'âge de la tradition peut être très différent de celui de la rédaction; ensuite, même l'âge de la forme la plus anciennement connue de la tradition peut être bien différent de celui de l'institution. Il y a là deux principes de critique, que le critique ne doit jamais perdre de vue.

En l'espèce, il n'y a aucun danger à se servir de ces faits. D'abord, une partie des dons qui tiennent tant de place dans le droit que nous décrivons, sont parmi les premières institutions qui nous sont attestées chez les Germains. C'est Tacite lui-même qui nous en décrit de deux sortes : les dons à cause de mariage, et la façon dont ils reviennent dans la famille des donateurs (Germania, XVIII, dans un court chapitre sur lequel nous nous réservons de revenir) ; et les dons nobles, surtout ceux du chef, ou faits aux chefs (Germania, XV). Ensuite, si ces usages se sont conservés assez longtemps pour que nous en puissions trouver de pareils vestiges, c'est qu'ils étaient solides, et avaient poussé de fortes racines dans toute l'âme germanique.

[2]   V. SCHRADER et les références qu'il indique, Reallexikon der indogermanischen Altertumskunde, s. v. Markt, Kauf.

[3]   On sait que le mot Kauf et tous ses dérivés viennent du mot latin caupo, marchand. L'incertitude du sens des mots, leihen, lehnen, lohn, bürgen, borgen, etc., est bien connue et prouve que leur emploi technique est récent.

[4]   Nous ne soulevons pas ici la question de la geschlossene Hauswirtschaft, de l'économie fermée, de Bücher, Entstehung der Volkswirtschaft. C'est pour nous un problème mal posé. Dès qu'il y a eu deux clans dans une société, ils ont nécessairement contracté entre eux et échangé, en même temps que leurs femmes (exogamie) et leurs rites, leurs biens, au moins à certaines époques de l'année et à certaines occasions de la vie. Le reste du temps, la famille, souvent fort restreinte, vivait repliée sur elle-même. Mais il n'y a jamais eu de temps où elle ait toujours vécu ainsi.

[5]   V. ces mots au Kluge, et dans les autres dictionnaires étymologiques des différentes langues germaniques. V. VON AMIRA sur Abgabe, Ausgabe, Morgengabe (Hdb. d'Hermann PAUL) (pages citées à l'index).

Ils sont extraordinairement nombreux : Ausgabe, Algabe, Angabe, Hingabe, Liebes-gabe, Morgengabe, la si curieuse Trostgabe (notre prix de consolation), vorgeben, vergeben (gaspiller et pardonner), widergeben et wiedergeben ; l'étude de Gift, Mitgift, etc. ; et l'étude des institutions qui sont désignées par ces mots est, aussi à faire [1]. Par contre, tout le système des présents, cadeaux, son importance dans la tradition et le folklore, y compris l'obligation à rendre, sont admirablement décrits par M. Richard Meyer dans un des plus délicieux travaux de folklore que nous connaissions [2]. Nous y référons simplement et n'en retenons pour l'instant que les fines remarques qui concernent la force du lien qui oblige, l'Angebinde que constituent l'échange, l'offre, l'acceptation de cette offre et l'obligation de rendre.

Il y a d'ailleurs une institution qui persistait il y a bien peu de temps, qui persiste encore sans doute dans la morale et la coutume économique des villages allemands et qui a une importance extraordinaire au point de vue économique : c'est le Gaben [3], strict équivalent de l'adanam hindou. Lors du baptême, des communions, des fiançailles, du mariage, les invités - ils comprennent souvent tout le village - après le repas de noces, Par exemple, ou le jour précédent -ou le jour suivant, - (Guldentag) présentent des cadeaux de noces dont la valeur généralement dépasse de beaucoup les frais de la noce. Dans certains pays allemands, c'est ce Gaben qui constitue même la dot de la mariée, qu'on lui présente le matin des épousailles et c'est lui qui porte le nom de Morgengabe. En quelques endroits, la générosité de ces dons est un gage de la fertilité du jeune couple [4]. L'entrée en relations dans les fiançailles, les dons divers que les parrains et marraines font aux divers moments de la vie, pour qualifier et aider (Helfete) leurs filleuls, sont tout aussi importants. On reconnaît ce thème qui est familier encore à toutes nos mœurs, à tous nos contes, toutes nos légendes de l'invitation, de la malédiction des gens non invités, de la bénédiction et de la générosité des invités, surtout quand ils sont des fées.

Une deuxième institution a la même origine. C'est la nécessité du gage en toutes sortes de contrats germaniques [5]. Notre mot même de gage vient de là, de wadium (cf. anglais

---

[1] Les meilleurs travaux sont encore J. GRIMM, Schenken und Geben, Kleine Schriflen, II, p. 174; et BRUNNER, Deutsche Rechtsbegriffe besch. Eigentum. V. encore GRIMM, Deutsche Rechtsalterthümer, I, p. 246, cf. p. 297, sur Bete = Gabe. L'hypothèse que l'on serait passé du on sans condition à un don obligatoire est inutile. Il y a toujours eu les deux sortes de dons, et surtout les deux caractères ont toujours été mélangés en droit germanique.

[2] Zur Geschichte des Schenkens, Steinhausen Zeitschr. f. Kulturgesch, v. p. 18 sq.

[3] V. Ém. MEYER, Deutsche Volkskunde, pp. 115, 168, 181, 183, etc. Tous les manuels de folklore germanique (Wuttke, etc.) peuvent être consultés sur la question.

[4] Ici nous trouvons une autre réponse à la question posée (v. plus haut) par M. van Ossenbruggen, de la nature magique et juridique (lu « prix de la mariée ». V. à ce sujet la remarquable théorie des rapports entre les diverses prestations faites aux époux et par les époux au Maroc dans WESTERMARCK, Marriage ceremonies in Morocco, p. 361 sq., et les parties du livre qui y sont citées.

[5] Dans ce qui suit, nous ne confondons pas les gages avec les arrhes quoique celles-ci, d'origine sémitique - comme le nom l'indique en grec et en latin - aient été connues du droit germanique récent comme des nôtres. Même, dans certains usages, elles se sont confondues avec les anciens dons et par exemple, le Handgeld se dit « Harren » dans certains dialectes du Tyrol.

wage, salaire), Huvelin [1] a déjà montré que le wadium germanique [2] fournissait un moyen de comprendre le lien des contrats et le rapprochait du nexum romain. En effet, comme Huvelin l'interprétait, le gage accepté, permet aux contractants du droit germanique d'agir l'un sur l'autre, puisque l'un possède quelque chose de l'autre, puisque l'autre, ayant été propriétaire de la chose, peut l'avoir enchantée, et puisque, souvent, le gage, coupé en deux, était gardé par moitié par chacun des deux contractants. Mais à cette explication, il est possible d'en superposer une plus proche. La sanction magique peut intervenir, elle n'est pas le seul lien. La chose elle-même, donnée et engagée dans le gage, est, par sa vertu propre, un lien. D'abord, le gage est obligatoire. En droit germanique tout contrat, toute vente ou achat, prêt ou dépôt, comprend une constitution de gage ; on donne à l'autre contractant un objet, en général de peu de prix : un gant, une pièce de monnaie (Treugeld), un couteau - chez nous encore, des épingles - qu'on vous rendra lors du paiement de la chose livrée. Huvelin remarque déjà que la chose est de petite valeur et, d'ordinaire, personnelle ; il rapproche avec raison ce fait du thème du « gage de vie », du « life-token » [3]. La chose ainsi transmise est, en effet, toute chargée de l'individualité du donateur. Le fait qu'elle est entre les mains du donataire pousse le contractant à exécuter le contrat, à se racheter en rachetant la chose. Ainsi le nexum est dans cette chose, et non pas seulement dans les actes magiques, ni non plus seulement dans les formes solennelles du contrat, les mots, les serments et les rites échangés, les mains serrées ; il y est comme il est dans les écrits, les « actes » à valeur magique, les « tailles » dont chaque partie garde sa part, les repas pris en commun où chacun participe de la substance de l'autre.

Deux traits de la wadiatio prouvent d'ailleurs cette force de la chose. D'abord le gage non seulement oblige et lie, mais encore il engage l'honneur [4], l'autorité, le « mana » de celui qui le livre [5]. Celui-ci reste dans une position inférieure tant qu'il ne s'est pas libéré de son engagement-pari. Car le mot wette, wetten [6], que traduit le wadium des lois a autant le sens de « pari » que celui de « gage ». C'est le prix d'un concours et la sanction d'un défi, encore plus immédiatement qu'un moyen de contraindre le débiteur. Tant que le contrat n'est pas terminé, il est comme le perdant du pari, le second dans la course, et ainsi il perd plus qu'il n'engage, plus que ce qu'il aura à payer ; sans compter qu'il s'expose à perdre ce qu'il a reçu et que le propriétaire revendiquera tant que le gage n'aura pas été retiré. - L'autre trait

---

Nous négligeons aussi de montrer l'importance de la notion de gage en matière de mariage. Nous faisons seulement remarquer que dans les dialectes germaniques le « prix d'achat » porte à la fois les noms de Pfand, Wetten, Trugge et Ehethaler.

[1]   Année Sociologique, IX, p. 29 sq. Cf. KOVALEWSKI, Coutume contemporaine et loi ancienne, p. 111 sq.

[2]   Sur le wadium germanique, on peut encore consulter : THÉVENIN, Contribution à l'étude du droit germanique, Nouvelle Revue Historique du Droit, IV, p. 72; GRIMM, Deutsche Rechtsalt., I, pp. 209 à 213; VON AMIRA, Obligationen Recht; VON AMIRA, in Hdb. d'Hermann PAUL, I, pp. 254 et 248.
      Sur la wadiatio, cf. DAVY, Année Soc., XII, p. 522 sq.

[3]   HUVELIN, p. 31.

[4]   BRISSAUD, Manuel d'Histoire du Droit français, 1904, p. 1381.

[5]   HUVELIN, p. 31, no 4, interprète ce fait exclusivement par une dégénérescence du rite magique primitif qui serait devenu un simple thème de moralité. Mais cette interprétation est partielle, inutile (v. plus haut p. 97, ri. 1), et n'est pas exclusive de celle que nous proposons.

[6]   Sur la parenté des mots wette, wedding, nous nous réservons de revenir. L'amphibologie du pari et du contrat se marque même dans nos langues, par exemple : se défier et défier.

démontre le danger qu'il y a à recevoir le gage. Car il n'y a pas que celui qui donne qui s'engage, celui qui reçoit se lie aussi. Tout comme le donataire des Trobriand, il se défie de la chose donnée. Aussi la lui lance-t-on [1] à ses pieds, quand c'est une festuca notata [2], chargée de caractères runiques et d'entailles - quand c'est une taille dont il garde ou ne garde pas une partie - il la reçoit à terre ou dans son sein (in laisum), et non pas dans la main. Tout le rituel a la forme du défi et de la défiance et exprime l'un et l'autre. D'ailleurs en anglais, même aujourd'hui, *throw the gage* équivaut à *throw the gauntlet*. C'est que le gage, comme la chose donnée, contient du danger pour les deux « co-respondants ».

Et voici le troisième fait. Le danger que représente la chose donnée ou transmise n'est sans doute nulle part mieux senti que dans le très ancien droit et les très anciennes langues germaniques. Cela explique le sens double du mot gift dans l'ensemble de ces langues, don d'une part, poison de l'autre. Nous avons développé ailleurs l'histoire sémantique de ce mot [3]. Ce thème du don funeste, du cadeau ou du bien qui se change en poison est fondamental dans le folklore germanique. L'or du Rhin est fatal à son conquérant, la coupe de Hagen est funèbre au héros qui y boit ; mille et mille contes et romans de ce genre, germaniques et celtiques hantent encore notre sensibilité. Citons seulement la strophe par laquelle un héros de l'Edda [4], Hreidmar, répond à la malédiction de Loki.

Tu as donné des cadeaux,
Mais tu n'as pas donné des cadeaux d'amour,
Tu n'as pas donné d'un cœur bienveillant,
De votre vie, vous seriez déjà dépouillés,
Si j'avais su plutôt le danger.

---

[1]   HUVELIN, p. 36, no 4.

[2]   Sur la festuca notata, v. HEUSLER, Institutionen, I, p. 76 sq.; HUVELIN, p. 33, nous semble avoir négligé l'usage des tailles.

[3]   Gift, gift. Mélanges Ch. Andler, Strasbourg, 1924. On nous a demandé pourquoi nous n'avons pas examiné l'étymologie gift, traduction du latin *dosis*, lui-même transcription du grec [...], dose, dose de poison. Cette étymologie suppose que les dialectes hauts et bas allemands auraient réservé un nom savant à une chose d'usage vulgaire; ce qui n'est pas la loi sémantique habituelle. Et de plus, il faudrait encore expliquer le choix du mot gift pour cette traduction, et le tabou linguistique inverse qui a pesé sur le sens « don » de ce mot, dans certaines langues germaniques. Enfin, l'emploi latin et surtout grec du mot *dosis* dans le sens de poison, prouve que, chez les Anciens aussi, il y a eu des associations d'idées et de règles morales du genre de celles que nous décrivons.

Nous avons rapproché l'incertitude du sens de gift de celle du latin venenum, de celle de [...] et de [...]; il faudrait ajouter le rapprochement (BRÉAL, Mélanges de la société linguistique, tome III, p. 410), venia, venus, venenum, de vanati (sanskrit, faire plaisir), et gewinnen, win (gagner).

Il faut aussi corriger une erreur de citation. Aulu-Gelle a bien disserté sur ces mots, mais ce n'est pas lui qui cite HOMÈRE (Odyssée, IV, p. 226) ; c'est GAIUS, le juriste lui-même, en son livre sur les Douze Tables (Digeste, L, XVI, De verb. signif., 236).

[4]   Reginsmal, 7. Les Dieux ont tué Otr, fils de Hreidmar, ils ont été obligés de se racheter en couvrant d'or amoncelé la peau d'Otr. Mais le dieu Loki maudit cet or, et Hreidmar répond la strophe citée. Nous devons cette Indication à M. Maurice Cahen, qui remarque au vers 3 : « d'un cœur bienveillant » est la traduction classique : af heilom hug signifie en réalité « d'une disposition d'esprit qui porte chance ».

DROIT CELTIQUE

Une autre famille de sociétés indo-européennes a certainement connu ces institutions : ce sont les peuples celtiques ; M. Hubert et moi, nous avons commencé à prouver cette assertion [1].

DROIT CHINOIS

Enfin une grande civilisation, la chinoise, a gardé, de ces temps archaïques, précisément le principe de droit qui nous intéresse ; elle reconnaît le lien indissoluble de toute chose avec l'originel propriétaire. Même aujourd'hui, un individu qui a vendu un de ses biens [2], même meuble, garde toute sa vie durant, contre l'acheteur, une sorte de droit « de pleurer son bien ». Le père Hoang a consigné des modèles de ces « billets de gémissement » que remet le vendeur à l'acheteur [3]. C'est une espèce de droit de suite sur la chose, mêlée à un droit de suite sur la personne, et qui poursuit le vendeur même bien longtemps après que la chose est entrée définitivement dans d'autres patrimoines, et après que tous les termes du contrat « irrévocable » ont été exécutés. Par la chose transmise, même si elle est fongible, l'alliance qui a été contractée n'est pas momentanée, et les contractants sont censés en perpétuelle dépendance.

En morale annamite, accepter un présent est dangereux.

M. Westermarck [4], qui signale ce dernier fait, a entrevu une partie de son importance.

---

[1] On trouvera ce travail *Le Suicide du chef Gaulois* avec les notes de *M. HUBERT,* dans un prochain numéro de la *Revue Celtique.*

[2] Le droit chinois des immeubles, comme le droit germanique et comme notre ancien droit, connaissent et la vente à réméré et les droits qu'ont, les parents - très largement comptés - de racheter les biens, fonds vendus qui n'eussent pas dû sortir de l'héritage, ce que l'on appelle le retrait lignager. V. *HOANG* (Variétés sinologiques), *Notions techniques sur la propriété en Chine, 1897, p. 8 et 9.* Mais, nous ne tenons pas grand compte de ce fait : la vente définitive du sol est, dans l'histoire humaine, et en Chine en particulier, quelque chose de si récent; elle a été jusqu'en droit romain, puis de nouveau dans nos anciens droits germaniques et français, entourée de tant de restrictions, provenant du communisme domestique et de l'attachement profond de la famille au sol et du sol à la famille, que la preuve eût été trop facile; puisque la famille, c'est le foyer et la terre, il est normal que la terre échappe au droit et à l'économie du capital. En fait les vieilles et nouvelles lois du « homestead » et les lois françaises plus récentes sur le « bien de famille insaisissable » sont une persistance de l'état ancien et un retour vers lui. Nous parlons donc surtout des meubles.

[3] V. HOANG, ibid., pp. 10, 109, 133.
   Je dois l'indication de ces faits à l'obligeance de MM. Mestre et Granet, qui les ont d'ailleurs constatés eux-mêmes en Chine.

[4] *Origin... of the Moral Ideas*, v. I, p. 594. Westermarck a senti qu'il y avait un problème du genre de celui que nous traitons, mais ne l'a traité que du point de vue du droit de l'hospitalité. Cependant il faut lire ses observations fort importantes sur la coutume marocaine de *Par* (sacrifice contraignant du suppliant, *ibid., p. 386)* et sur le principe, « Dieu et la nourriture le paieront » (expressions remarquablement identiques à

CHAPITRE IV

CONCLUSION

I

CONCLUSIONS DE MORALE

Il est possible d'étendre ces observations à nos propres sociétés.

Une partie considérable de notre morale et de notre vie elle-même stationne toujours dans cette même atmosphère du don, de l'obligation et de la liberté mêlés. Heureusement, tout n'est pas encore classé exclusivement en termes d'achat et de vente. Les choses ont encore une valeur de sentiment en plus de leur valeur vénale, si tant est qu'il y ait des valeurs qui soient seulement de ce genre. Nous n'avons pas qu'une morale de marchands. Il nous reste des gens et des classes qui ont encore les mœurs d'autrefois et nous nous y plions presque tous, au moins à certaines époques de l'année ou à certaines occasions.

Le don non rendu rend encore inférieur celui qui l'a accepté, surtout quand il est reçu sans esprit de retour. Ce n'est pas sortir du domaine germanique que de rappeler le curieux essai d'Emerson, *On Gifts and Presents* [1]. La charité est encore blessante pour celui qui l'accepte [2], et tout l'effort de notre morale tend à supprimer le patronage inconscient et injurieux du riche « aumônier ».

---

celles du droit hindou). V. *WESTERMARCK, Marriage Ceremonies in Morocco*, p. 365; cf. *Anthr. Ess. E. B. Tylor, p. 373 sq*

[1]   Essais, 2e série, V.

[2]   Cf. Koran, Sourate II, 265; cf. KOHLER in *Jewish Encyclopaedia*, I, p. 465.

L'invitation doit être rendue, tout comme la « politesse ». On voit ici, sur le fait, la trace du vieux fond traditionnel, celle des vieux potlatch nobles, et aussi on voit affleurer ces motifs fondamentaux de l'activité humaine : l'émulation entre les individus du même sexe [1], cet « impérialisme foncier » des hommes; fond social d'une part, fond animal et psychologique de l'autre, voilà ce qui apparaît. Dans cette vie à part qu'est notre vie sociale, nous-mêmes, nous ne pouvons « rester en reste », comme on dit encore chez nous. Il faut rendre plus qu'on a reçu. La « tournée » est toujours plus chère et plus grande. Ainsi telle famille villageoise de notre enfance, en Lorraine, qui se restreignait à la vie la plus modeste en temps courant, se ruinait pour ses hôtes, à l'occasion de fêtes patronales, de mariage, de communion ou d'enterrement. Il faut être « grand seigneur » dans ces occasions. On peut même dire qu'une partie de notre peuple se conduit ainsi constamment et dépense sans compter quand il s'agit de ses hôtes, de ses fêtes, de ses « étrennes ».

L'invitation doit être faite et elle doit être acceptée. Nous avons encore cet usage, même dans nos corporations libérales. Il y a cinquante ans à peine, peut-être encore récemment, dans certaines parties d'Allemagne et de France, tout le village prenait part au festin du mariage ; l'abstention de quelqu'un était bien mauvais signe, présage et preuve d'envie, de « sort ». En France, dans de nombreux endroits, tout le monde prend part encore à la cérémonie. En Provence, lors de la naissance d'un enfant, chacun apporte encore son oeuf et d'autres cadeaux symboliques.

Les choses vendues ont encore une âme, elles sont encore suivies par leur ancien propriétaire et elles le suivent. Dans une vallée des Vosges, à Cornimont, l'usage suivant était encore courant il n'y a pas longtemps et dure peut-être encore dans certaines familles : pour que les animaux achetés oublient leur ancien maître et ne soient pas tentés de retourner « chez eux », on faisait une croix sur le linteau de la porte de l'étable, on gardait le licol du vendeur, et on leur donnait du sel à la main. A Raon-aux-Bois, on leur donnait une tartine de beurre que l'on avait fait tourner trois fois autour de la crémaillère et on la leur présentait de la main droite. Il s'agit, il est vrai, du gros bétail, qui fait partie de la famille, l'étable faisant partie de la maison. Mais nombre d'autres usages français marquent qu'il faut détacher la chose vendue du vendeur, par exemple : frapper sur la chose vendue, fouetter le mouton qu'on vend, etc. [2]

Même on peut dire que toute une partie du droit, droit des industriels et des commerçants, est, en ce temps, en conflit avec la morale. Les préjugés économiques du peuple, ceux des producteurs, proviennent de leur volonté ferme de suivre la chose qu'ils ont produite et de la sensation aiguë que leur travail est revendu sans qu'ils prennent part au profit.

---

[1]   William JAMES, Principles Of Psychology, II, p. 409.

[2]   KRUYT, Koopen, etc., cite des faits de ce genre aux Célèbes, p. 12 de l'extrait. Cf. De Toradja's... Tijd. v. Kon. Batav. Gen., LXIII, 2; p. 299, rite de l'introduction du buffle dans l'étable; p. 296, rituel de l'achat du chien qu'on achète membre à membre, partie du corps après partie du corps, et dans la nourriture duquel on crache ; p. 281, le chat ne se vend sous aucun prétexte, mais se prête, etc.

De nos jours, les vieux principes réagissent contre les rigueurs, les abstractions et les inhumanités de nos codes. A ce point de vue, on peut le dire, toute une partie de notre droit en gestation et certains usages, les plus récents, consistent à revenir en arrière. Et cette réaction contre l'insensibilité romaine et saxonne de notre régime est parfaitement saine et forte. Quelques nouveaux principes de droit et d'usage peuvent être interprétés ainsi.

Il a fallu longtemps pour reconnaître la propriété artistique, littéraire et scientifique, au-delà de l'acte brutal de la vente du manuscrit, de la première machine ou de l'œuvre d'art originale. Les sociétés n'ont, en effet, pas très grand intérêt à reconnaître aux héritiers d'un auteur ou d'un inventeur, ce bienfaiteur humain, plus que certains droits sur les choses créées par l'ayant droit ; on proclame volontiers qu'elles sont le produit de l'esprit collectif aussi bien que de l'esprit individuel ; tout le monde désire qu'elles tombent au plus vite dans le domaine publie ou dans la circulation générale des richesses. Cependant le scandale de la plus-value des peintures, sculptures et objets d'art, du vivant des artistes et de leurs héritiers immédiats, a inspiré une loi française de septembre 1923, qui donne à l'artiste et à ses ayant droit un droit de suite, sur ces plus-values successives dans les ventes successives de ses œuvres [1],

Toute notre législation d'assurance sociale, ce socialisme d'État déjà réalisé, s'inspire du principe suivant : le travailleur a donné sa vie et son labeur à la collectivité d'une part, à ses patrons d'autre part, et, s'il doit collaborer à l'œuvre d'assurance, ceux qui ont bénéficié de ses services ne sont pas quittes envers lui avec le paiement du salaire, et l'État lui-même, représentant la communauté, lui doit, avec ses patrons et avec son concours à lui, une certaine sécurité dans la vie, contre le chômage, contre la maladie, contre la vieillesse, la mort.

Même des usages récents et ingénieux, par exemple les caisses d'assistance familiale que nos industriels français ont librement et vigoureusement développées en faveur des ouvriers chargés de famille, répondent spontanément à ce besoin de s'attacher les individus eux-mêmes, de tenir compte de leurs charges et des degrés d'intérêt matériel et moral que ces charges représentent [2]. Des associations analogues fonctionnent en Allemagne, en Belgique avec autant de succès. - En Grande-Bretagne en ce temps de terrible et long chômage touchant des millions d'ouvriers - se dessine tout un mouvement en faveur d'assurances contre le chômage qui seraient obligatoires et organisées par corporations. Les villes et l'État sont las de supporter ces immenses dépenses, ces paiements aux sans travail, dont la cause

---

[1]   Cette loi n'est pas inspirée du principe de l'illégitimité des bénéfices faits par les détenteurs successifs. Elle est peu appliquée.

    La législation soviétique sur la propriété littéraire et ses variations sont bien curieuses à étudier de ce même point de vue : d'abord, on a tout nationalisé; puis on s'est aperçu qu'on ne lésait ainsi que l'artiste vivant et qu'on ne créait pas ainsi de suffisantes ressources pour le monopole national d'édition. On a donc rétabli les droits d'auteurs, même pour les classiques les plus anciens, ceux du domaine publie, ceux d'avant les médiocres lois, qui. en Russie, protégeaient les écrivains. maintenant, on le dit, les Soviets ont adopté une loi d'un genre moderne. En réalité, comme notre morale, en ces matières, les Soviets hésitent et ne savent guère pour quel droit, opter, droit de la personne ou droit sur les choses.

[2]   M. Pirou a déjà fait des remarques de ce genre.

provient du fait des industries seules et des conditions générales du marché. Aussi des économistes distingués, des capitaines d'industries (Mr. Pybus, sir Lynden Macassey), agissent-ils pour que les entreprises elles-mêmes organisent ces caisses de chômage par corporations, fassent elles-mêmes ces sacrifices. Ils voudraient en somme, que le coût de la sécurité ouvrière, de la défense contre le manque de travail, fasse partie des frais généraux de chaque industrie en particulier.

Toute cette morale et cette législation correspondent à notre avis, non pas à un trouble, mais à un retour au droit [1]. D'une part, on voit poindre et entrer dans les faits la morale professionnelle et le droit corporatif. Ces caisses de compensation, ces sociétés mutuelles, que les groupes industriels forment en faveur de telle ou telle oeuvre corporative, ne sont entachées d'aucun vice, aux yeux d'une morale pure, sauf en ce point, leur gestion est purement patronale. De plus, ce sont des groupes qui agissent : l'État, les communes, les établissements publics d'assistance, les caisses de retraites, d'épargne, des sociétés mutuelles, le patronat, les salariés ; ils sont associés tous ensemble, par exemple dans la législation sociale d'Allemagne, d'Alsace-Lorraine ; et demain dans l'assurance sociale française, ils le seront également. Nous revenons donc à une morale de groupes.

D'autre part, ce sont des individus dont l'État et ses sous-groupes veulent prendre soin. La société veut retrouver la cellule sociale. Elle recherche, elle entoure l'individu, dans un curieux état d'esprit, où se mélangent le sentiment des droits qu'il a et d'autres sentiments plus purs : de charité, de « service social », de solidarité, Les thèmes du don, de la liberté et de l'obligation dans le don, celui de la libéralité et celui de l'intérêt qu'on a à donner, reviennent chez nous, comme reparaît un motif dominant trop longtemps oublié.

Mais il ne suffit pas de constater le fait, il faut en déduire une pratique, un précepte de morale. Il ne suffit pas de dire que le droit est en voie de se débarrasser de quelques abstractions : distinction du droit réel et du droit personnel ; - qu'il est en voie d'ajouter d'autres droits au droit brutal de la vente et du paiement des services. Il faut dire que cette révolution est bonne.

D'abord, nous revenons, et il faut revenir, à des mœurs de « dépense noble ». Il faut que, comme en pays anglo-saxon, comme en tant d'autres sociétés contemporaines, sauvages et hautement civilisées, les riches reviennent - librement et aussi forcément - à se considérer comme des sortes de trésoriers de leurs concitoyens. Les civilisations antiques - dont sortent les nôtres -avaient, les unes le jubilé, les autres les liturgies, chorégies et triérarchies, les syssities (repas en commun), les dépenses obligatoires de l'édile et des personnages consulaires. On devra remonter à des lois de ce genre. Ensuite il faut plus de souci de

---

[1]   Il va sans dire que nous préconisons ici aucune destruction. Les principes de droit qui président au marché, à l'achat et à la vente, qui sont la condition indispensable de la formation du capital, doivent et peuvent subsister à côté des principes nouveaux et des principes plus anciens.

Cependant il ne faut pas que le moraliste et le législateur se laissent arrêter par de soi-disant principes de droit naturel. Par exemple il ne faut considérer la distinction entre le droit réel et le droit personnel que comme une abstraction, un extrait théorique de certains de nos droits. Il faut la laisser subsister, mais la cantonner dans son coin.

l'individu, de sa vie, de sa santé, de son éducation - chose rentable d'ailleurs - de sa famille et de l'avenir de celle-ci. Il faut plus de bonne toi, de sensibilité, de générosité dans les contrats de louage de services, de location d'immeubles, de vente de denrées nécessaires. Et il faudra bien qu'on trouve le moyen de limiter les fruits de la spéculation et de l'usure.

Cependant, il faut que l'individu travaille. Il faut qu'il soit forcé de compter sur soi plutôt que sur les autres. D'un autre côté, il faut qu'il défende ses intérêts, personnellement et en groupe. L'excès de générosité et le communisme lui seraient aussi nuisibles et seraient aussi nuisibles à la société que l'égoïsme de nos contemporains et l'individualisme de nos lois. Dans le Mahabharata, un génie malfaisant des bois explique à un brahmane qui donnait trop et mal à propos : « Voilà pourquoi tu es maigre et pâle. » La vie du moine et celle de Shylock doivent être également évitées. Cette morale nouvelle consistera sûrement dans un bon et moyen mélange de réalité et d'idéal.

Ainsi, on peut et on doit revenir à de l'archaïque, à des éléments ; on retrouvera des motifs de vie et d'action que connaissent encore des sociétés et des classes nombreuses : la joie à donner en publie ; le plaisir de la dépense artistique généreuse ; celui de l'hospitalité et de la fête privée et publique. L'assurance sociale, la sollicitude de la mutualité, de la coopération, celle du groupe professionnel, de toutes ces personnes morales que le droit anglais décore du nom de « Friendly Societies » valent mieux que la simple sécurité personnelle que garantissait le noble à son tenancier, mieux que la vie chiche que donne le salaire journalier assigné par le patronat, et même mieux que l'épargne capitaliste - qui n'est fondée que sur un crédit changeant.

Il est même possible de concevoir ce que serait une société où régneraient de pareils principes. Dans les professions libérales de nos grandes nations fonctionnent déjà à quelque degré une morale et une économie de ce genre. L'honneur, le désintéressement, la solidarité corporative n'y sont pas un vain mot, ni ne sont contraires aux nécessités du travail. Humanisons de même les autres groupes professionnels et perfectionnons encore ceux-là. Ce sera un grand progrès fait, que Durkheim a souvent préconisé.

Ce faisant, on reviendra, selon nous, au fondement constant du droit, au principe même de la vie sociale normale. Il ne faut pas souhaiter que le citoyen soit, ni trop bon et trop subjectif, ni trop insensible et trop réaliste. Il faut qu'il ait un *sens aigu de lui-même mais aussi des autres, de la réalité sociale (y a-t-il même, en ces choses de morale, une autre réalité ?) Il faut qu'il agisse en tenant compte de lui, des sous-groupes, et de la société. Cette morale est éternelle; elle est commune aux sociétés les plus évoluées, à celles du proche futur, et aux sociétés les moins élevées que nous puissions imaginer.* Nous touchons le roc. Nous ne parlons même plus en termes de droit, nous parlons d'hommes et de groupes d'hommes parce que ce sont eux, c'est la société, ce sont des sentiments d'hommes en esprit, en chair et en os, qui agissent de tout temps et ont agi partout.

Démontrons cela. Le système que nous proposons d'appeler le système des prestations totales, de clan à clan, - celui dans lequel individus et groupes échangent tout entre eux - constitue le plus ancien système d'économie et de droit que nous puissions constater et concevoir. Il forme le fond sur lequel s'est détachée la morale du don-échange. Or, il est exactement, toute proportion gardée, du même type que celui vers lequel nous voudrions voir nos sociétés se diriger. Pour faire comprendre ces lointaines phases du droit, voici deux exemples empruntés à des sociétés extrêmement diverses.

Dans un corroboree (danse dramatique publique) de Pine Mountain [1] (Centre oriental du Queensland), chaque individu à son tour entre dans le lieu consacré, tenant dans sa main son propulseur de lance, l'autre main restant derrière son dos ; il lance son arme dans un cercle à l'autre bout du terrain de danse, nommant en même temps à haute voix le lieu dont il vient, par exemple : « Kunyan est ma contrée » [2] ; il s'arrête un moment et pendant ce temps-là ses amis « mettent un présent », une lance, un boomerang, une autre arme, dans son autre main. « Un bon guerrier peut ainsi recevoir plus que sa main ne peut tenir, surtout s'il a des filles à marier [3]. »

Dans la tribu des Winnebago (tribu Siou), les chefs de clans adressent à leurs confrères [4], chefs des autres clans, des discours fort caractéristiques, modèles de cette étiquette [5] répandue dans toutes les civilisations des Indiens de l'Amérique du Nord. Chaque clan cuit des aliments, prépare du tabac pour les représentants des autres clans, lors de la fête de clan. Et voici par exemple des fragments des discours du chef du clan des Serpents [6] : « Je vous salue ; c'est bien ; comment pourrais-je dire autrement ? Je suis un pauvre homme sans valeur et vous vous êtes souvenus de moi. C'est bien... Vous avez pensé aux esprits et vous êtes venus vous asseoir avec moi... Vos plats vont être bientôt remplis, je vous salue donc encore, vous, humains qui prenez la place des esprits, etc. » Et lorsque chacun des chefs a mangé et qu'on a fait les offrandes de tabac dans le feu, la formule finale expose l'effet moral de la fête et de toutes ses prestations : « Je vous remercie d'être venus occuper ce siège, je vous suis reconnaissant. Vous m'avez encouragé... Les bénédictions de vos grands-pères (qui ont eu des révélations et que vous incarnez), sont égales à celles des esprits. Il est bien que vous ayez pris part à ma fête. Ceci doit être, que nos anciens ont dit : « Votre vie est faible et vous ne pouvez être fortifié que par le « conseil des braves. » Vous m'avez conseillé... C'est de la vie pour moi. »

Ainsi, d'un bout à l'autre de l'évolution humaine, il n'y a pas deux sagesses. Qu'on adopte donc comme principe de notre vie ce qui a toujours été un principe et le sera toujours : sortir de soi, donner, librement et obligatoirement ; on ne risque pas de se tromper. Un beau proverbe maori le dit :

---

[1]   ROTH, Games, But. Ethn. Queensland, p. 23, no 28.

[2]   Cette annonce du nom du clan survenant est un usage très général dans tout l'Est australien et se rattache au système de l'honneur et de la vertu du nom.

[3]   Fait notable, qui laisse à penser que se contractent alors des engagements matrimoniaux par la voie d'échanges de présents.

[4]   RADIN, Winnebago Tribe, XXXVIIth Annual Report of the Bureau of American Ethnology, p. 320 et sq.

[5]   V. art Etiquette, Handbook or American Indians, de HODGE.

[6]   p. 326, par exception, deux des chefs invités sont membres du clan du Serpent.
    On peut comparer les discours exactement superposables d'une fête funéraire (tabac). Tlingit, SWANTON, Tlingit Myths and Texts (Bull. of Am. Ethn., no 39), p. 372

Ko Maru kai atu
Ko Maru kai mai
ka ngohe ngohe.

« Donne autant que tu prends, tout sera très bien [1]. »

---

[1]   Rev. TAYLOR, Te Ika a Maui, Old New Zealand, p. 1,10, prov. 42, traduit fort brièvement a give as well as take and all will be right », mais la traduction littérale est probablement la suivante : Autant Maru donne, autant Maru prend, et ceci est bien, bien. (Maru est le Dieu de la guerre et de la justice.)

II

CONCLUSIONS DE SOCIOLOGIE ÉCONOMIQUE ET D'ÉCONOMIE POLITIQUE

Ces faits n'éclairent pas seulement notre morale et n'aident pas seulement à diriger notre idéal ; de leur point de vue, on peut mieux analyser les faits économiques les plus généraux, et même cette analyse aide à entrevoir de meilleurs procédés de gestion applicables à nos sociétés.

A plusieurs reprises, on a vu combien toute cette économie de l'échange-don était loin de rentrer dans les cadres de l'économie soi-disant naturelle, de l'utilitarisme. Tous ces phénomènes si considérables de la vie économique de tous ces peuples - disons, pour fixer les esprits, qu'ils sont bons représentants de la grande civilisation néolithique - et toutes ces survivances considérables de ces traditions, dans les sociétés proches de nous ou dans les usages des nôtres, échappent aux schèmes que donnent d'ordinaire lés rares économistes qui ont voulu comparer les diverses économies connues [1]. Nous ajoutons donc nos observations répétées à celles de M. Malinowski qui a consacré tout un travail à « faire sauter » les doctrines courantes sur l'économie « primitive » [2].

Voici une chaîne de faits bien solide:

La notion de valeur fonctionne dans ces sociétés ; des surplus très grands, absolument parlant, sont amassés ; ils sont dépensés souvent en pure perte, avec un luxe relativement énorme [3] et qui n'a rien de mercantile ; il y a des signes de richesse, des sortes de monnaies [4], qui sont échangées. Mais toute cette économie très riche est encore pleine d'éléments religieux : la monnaie a encore son pouvoir magique et est encore liée au clan ou à l'individu [5] ; les diverses activités économiques, par exemple le marché, sont imprégnées de

---

[1]   M. BUCHER, Entstehung der Volkswirtschaft (3e éd.), p. 73, a vu ces phénomènes économiques, mais en a sous-estimé l'importance en les réduisant à l'hospitalité.

[2]   Argonauts, p. 167 sq. ; Primitive Economics, Economic Journal, mars 1921. V. la préface de J. G. Frazer à Malinowski, Arg.

[3]   Un des cas maximum que nous pouvons citer est celui du sacrifice des chiens chez les Chukchee (v. plus haut p. 55, no 2). Il arrive que les propriétaires des plus beaux chenils massacrent tous leurs équipages de traîneaux et sont obligés d'en racheter de nouveaux.

[4]   V. plus haut.

[5]   Cf. plus haut.

rites et de mythes ; elles gardent un caractère cérémoniel, obligatoire, efficace [1] ; elles sont pleines de rites et de droits. A ce point de vue nous répondons déjà à la question que posait Durkheim à propos de l'origine religieuse de la notion de valeur économique [2]. Ces faits répondent aussi à une foule de questions concernant les formes et les raisons de ce qu'on appelle si mal l'échange, le « troc », la permutatio [3] des choses utiles, qu'à la suite des prudents Latins, suivant eux-mêmes Aristote [4], une économie historique met à l'origine de la division du travail. C'est bien autre chose que de l'utile, qui circule dans ces sociétés de tous genres, la plupart déjà assez éclairées. Les clans, les âges et, généralement, les sexes - à cause des multiples rapports auxquels les contacts donnent lieu - sont dans un état de perpétuelle effervescence économique et cette excitation est elle-même fort peu terre à terre ; elle est bien moins prosaïque que nos ventes et achats, que nos louages de service ou que nos jeux de Bourse.

Cependant, on peut encore aller plus loin que nous ne sommes parvenus jusqu'ici. On peut dissoudre, brasser, colorer et définir autrement les notions principales dont nous nous sommes servis. Les termes que nous avons employés: présent, cadeau, don, ne sont pas eux-mêmes tout à fait exacts. Nous n'en trouvons pas d'autres, voilà tout. Ces concepts de droit et d'économie que nous nous plaisons à opposer : liberté et obligation ; libéralité, générosité, luxe et épargne, intérêt, utilité, il serait bon de les remettre au creuset. Nous ne pouvons donner que des indications à ce sujet : choisissons par exemple [5] les Trobriand. C'est encore une notion complexe qui inspire tous les actes économiques que nous avons décrits ; et cette notion n'est ni celle de la prestation purement libre et purement gratuite, ni celle de la production et de l'échange purement intéressés de l'utile. C'est une sorte d'hybride qui a fleuri là-bas.

M. Malinowski a fait un effort sérieux [6] pour classer du point de vue des mobiles, de l'intérêt et du désintéressement, toutes les transactions qu'il constate chez ses Trobriandais ; il les étage entre le don pur et le troc pur après marchandage [7]. Cette classification est au fond inapplicable. Ainsi, selon M. Malinowski, le type du don pur serait le don entre époux [8]. Or, précisément, à notre sens, l'un des faits les plus importants signalés par M. Malinowski et qui

---

[1]   MALINOWSKI, Arg., p. 95. CI. Frazer, préface au livre de M. Malinowski.

[2]   Formes élémentaires de la vie religieuse, p. 598, no 2.

[3]   Digeste, XVIII, I; De Contr. Emt., 1. Paulus nous explique le grand débat entre prudents Romains pour savoir si la « permutatio » était une vente. Tout le passage est intéressant, même l'erreur que fait le savant juriste dans son interprétation d'Homère. Il, VII, 472 à 475 : [...] veut bien dire acheter, mais que les monnaies grecques c'étaient le bronze, le fer, les peaux, les vaches elles-mêmes et les esclaves, qui avaient tous des valeurs déterminées.

[4]   Pol., livre I, 1257 a, 10 sq. ; remarquer le mot [...], ibid., 25.

[5]   Nous pourrions tout aussi bien choisir la sadaqa arabe; aumône, prix de la fiancée, justice, impôt. Cf. plus haut.

[6]   Argonauts, p. 177.

[7]   Il est très remarquable que, dans ce cas, il n'y ait pas vente, car Il n'y a as échange de vaygu'a, de monnaies. Le maximum d'économie auquel se sont haussés les Trobriandais, ne va donc pas jusqu'à l'usage de la monnaie dans l'échange lui-même.

[8]   Pure gift.

jette une lumière éclatante sur tous les rapports sexuels dans toute l'humanité, consiste à rapprocher le mapula [1], le paiement « constant » de l'homme à sa femme, d'une sorte de salaire pour service sexuel rendu [2]. De même les cadeaux au chef sont des tributs ; les distributions de nourriture (sagali) sont des indemnités pour travaux, pour rites accomplis, par exemple en cas de veillée funéraire [3]. Au fond, de même que ces dons ne sont pas libres, ils ne sont pas réellement désintéressés. Ce sont déjà des contre-prestations pour la plupart, et faites même en vue non seulement de payer des services et des choses, mais aussi de maintenir une alliance profitable [4] et qui ne peut même être refusée, comme par exemple l'alliance entre tribus de pêcheurs [5] et tribus d'agriculteurs ou de potiers. Or, ce fait est général, nous l'avons rencontré par exemple en pays Maori, Tsimshian [6], etc. On voit donc où réside cette force, à la fois mystique et pratique qui soude les clans et en même temps les divise, qui divise leur travail et en même temps les contraint à l'échange. Même dans ces sociétés, l'individu et le groupe, ou plutôt le sous-groupe, se sont toujours senti le droit souverain de refuser le contrat : c'est ce qui donne un aspect de générosité à cette circulation des biens ; mais, d'autre part, ils n'avaient à ce refus, normalement, ni droit ni intérêt ; et c'est ce qui rend ces lointaines sociétés tout de même parentes des nôtres.

L'emploi de la monnaie pourrait suggérer d'autres réflexions. Les vaygu'a des Trobriand, bracelets et colliers, tout comme les cuivres du Nord-Ouest américain ou les wampun iroquois, sont à la fois des richesses, des signes [7] de richesse, des moyens d'échange et de paiement, et aussi des choses qu'il faut donner, voire détruire. Seulement, ce sont encore des gages liés aux personnes qui les emploient, et ces gages les lient. Mais comme, d'autre part, ils servent déjà de signes monétaires, on a intérêt à les donner pour pouvoir en posséder d'autres à nouveau, en les transformant en marchandises ou en services qui se retransformeront à leur tour en monnaies. On dirait vraiment que le chef trobriandais ou tsimshian procède à un lointain degré à la façon du capitaliste qui sait se défaire de sa monnaie en temps utile, pour reconstituer ensuite son capital mobile. Intérêt et désintéressement expliquent également cette forme de la circulation des richesses et celle de la circulation archaïque des signes de richesse qui les suivent.

---

[1]   Ibid.

[2]   Le mot s'applique au paiement de la sorte de prostitution licite des filles non mariées; cf. Arg., p. 183.

[3]   Cf. plus haut. Le mot sagali (cf. hakari) veut dire distribution.

[4]   Cf. plus haut; en particulier le don de l'urigubu au beau-frère : produits de récolte en échange de travail.

[5]   V. plus haut (wasi).

[6]   Maori, v. plus haut. La division du travail (et la façon dont elle fonctionne en vue de la fête entre clans Tsimshian), est admirablement décrite dans un mythe de potlatch, Boas, Tsimshian Mythology, XXXIst Ann, Rep. Bur. Am. Ethn., pp. 274, 275 ; cf. p. 378. Des exemples de ce genre pourraient être indéfiniment multipliés. Ces institutions économiques existent en effet, même chez les sociétés infiniment moins évoluées. V. par exemple en Australie la remarquable position d'un groupe local possesseur d'un gisement d'ocre rouge (AISTON et HORNE, Savage Life in Central Australia, Londres, 1924, pp. 81, 130).

[7]   V. plus haut. L'équivalence dans les langues germaniques des mots *token* et *zeichen*, pour désigner la monnaie en général, garde la trace de ces institutions. le signe qu'est la monnaie, le signe qu'elle porte et le gage qu'elle est sont une seule et même chose - comme la signature d'un homme est encore ce qui engage sa responsabilité.

Même la destruction pure des richesses ne correspond pas à ce détachement complet qu'on croirait y trouver. Même ces actes de grandeur ne sont pas exempts d'égotisme. La forme purement somptuaire, presque toujours exagérée, souvent purement destructrice, de la consommation, où des biens considérables et longtemps amassés sont donnés tout d'un coup ou même détruits, surtout en cas de potlatch [1], donne à ces institutions un air de pure dépense dispendieuse, de prodigalité enfantine. En effet, et en fait, non seulement on y fait disparaître des choses utiles, de riches aliments consommés avec excès, mais même on y détruit pour le plaisir de détruire, par exemple, ces cuivres, ces monnaies, que les chefs tsimshian, tlingit et haïda jettent à l'eau et que brisent les chefs kwakiutl et ceux des tribus qui leur sont alliées. Mais le motif de ces dons et de ces consommations forcenées, de ces pertes et de ces destructions folles de richesses, n'est, à aucun degré, surtout dans les sociétés à potlatch, désintéressé. Entre chefs et vassaux, entre vassaux et tenants, par ces dons, c'est la hiérarchie qui s'établit. Donner, c'est manifester sa supériorité, être plus, plus haut, *magister* ; accepter sans rendre ou sans rendre plus, c'est se subordonner, devenir client et serviteur, devenir petit, choir plus bas *(minister)*.

Le rituel magique du *kula* appelé *mwasila* [2] est plein de formules et de symboles qui démontrent que le futur contractant recherche avant tout ce profit : la supériorité sociale, et on pourrait même dire brutale. Ainsi, après avoir enchanté la noix de bétel dont ils vont se servir avec leurs partenaires, après avoir enchanté le chef, ses camarades, leurs porcs, les colliers, puis la tête et ses « ouvertures », plus tout ce qu'on apporte, les *pari*, dons d'ouverture, etc., après avoir enchanté tout cela, le magicien chante, non sans exagération [3] :

> Je renverse la montagne, la montagne bouge, la montagne s'écroule, etc. Mon charme
> va au sommet de la montagne de Dobu... Mon canot va couler.... etc. Ma renommée est
> comme le tonnerre ; mon pas est comme le bruit que font les sorciers volants. Tudududu.

Être le premier, le plus beau, le plus chanceux, le plus fort et le plus riche, voilà ce qu'on cherche et comment on l'obtient. Plus tard, le chef confirme son *mana* en redistribuant à ses vassaux, parents, ce qu'il vient de recevoir ; il maintient son rang parmi les chefs en rendant bracelets contre colliers, hospitalité contre visites, et ainsi de suite... Dans ce cas la richesse est, à tout point de vue, autant un moyen de prestige qu'une chose d'utilité. Mais est-il sûr qu'il en soit autrement parmi nous et que même chez nous la richesse ne soit pas avant tout le moyen de commander aux hommes ?

---

[1] V. Davy, Foi *jurée, p.* 344 sq. ; M. Davy *(Des clans aux Empires; Éléments de Sociologie,* I) a seulement exagéré l'importance de ces faits. Le potlatch est utile pour établir la hiérarchie et l'établit souvent, mais il n'y est pas absolument nécessaire. Ainsi les sociétés africaines, nigritiennes ou bantu, ou n'ont pas le potlatch, ou n'en ont en tout cas pas de très développé, ou peut-être l'ont perdu - et elles ont toutes les formes d'organisation politique possibles.

[2] Arg., pp. 199 à 201 ; cf. p. 203.

[3] Ibid., p. 199. Le mot montagne désigne, dans cette poésie, les îles d'Entrecasteaux. Le canot coulera sous le poids des marchandises rapportées du kula. Cf. autre formule, p. 200, texte avec commentaires, p. 441 ; cf. p. 442, remarquable jeu de mots sur « écumer ». Cf. formule, p. 205 ; cf. plus haut p. 124, no 1.

Passons maintenant au feu d'épreuve l'autre notion que nous venons d'opposer à celle de don et de désintéressement : la notion d'intérêt, de recherche individuelle de l'utile. Celle-là non plus ne se présente pas comme elle fonctionne dans notre esprit à nous. Si quelque motif équivalent anime chefs trobriandais ou américains, clans andamans, etc., ou animait autrefois généreux Hindous, nobles Germains et Celtes dans leurs dons et dépenses, ce n'est pas la froide raison du marchand, du banquier et du capitaliste. Dans ces civilisations, on est intéressé, mais d'autre façon que de notre temps. On thésaurise, mais pour dépenser, pour « obliger », pour avoir des « hommes liges ». D'autre part, on échange, mais ce sont surtout des choses de luxe, des ornements, des vêtements, ou ce sont des choses immédiatement consommées, des festins. On rend avec usure, mais c'est pour humilier le premier donateur ou échangiste et non pas seulement pour le récompenser de la perte que lui cause une « consommation différée ». Il y a intérêt, mais cet intérêt n'est qu'analogue à celui qui, dit-on, nous guide.

Entre l'économie relativement amorphe et désintéressée, à l'intérieur des sous-groupes, qui règle la vie des clans australiens ou américains du Nord (Est et Prairie), d'une part ; et l'économie individuelle et du pur intérêt que nos sociétés ont connu au moins en partie, dès qu'elle fut trouvée par les populations sémitiques et grecques, d'autre part ; entre ces deux types, dis-je, s'est étagée toute une série immense d'institutions et d'événements économiques, et cette série n'est pas gouvernée par le rationalisme économique dont on fait si volontiers la théorie.

Le mot même d'intérêt est récent, d'origine technique comptable : « interest », latin, qu'on écrivait sur les livres de comptes, en face des rentes à percevoir. Dans les morales anciennes les plus épicuriennes, c'est le bien et le plaisir qu'on recherche, et non pas la matérielle utilité. Il a fallu la victoire du rationalisme et du mercantilisme pour que soient mises en vigueur, et élevées à la hauteur de principes, les notions de profit et d'individu. On peut presque dater - après Mandeville *(Fable des Abeilles)* - le triomphe de la notion d'intérêt individuel. On ne peut que difficilement et seulement par périphrase traduire ces derniers mots, en latin ou en grec, ou en arabe. Même les hommes qui écrivirent le sanskrit classique, qui employèrent le mot *artha,* assez proche de notre idée d'intérêt, se sont fait de l'intérêt, comme des autres catégories de l'action, une autre idée que nous. Les livres sacrés de l'Inde classique répartissent déjà les activités humaines suivant : la loi *(dharma),* l'intérêt *(artha),* le désir *(kama).* Mais c'est avant tout de l'intérêt politique qu'il s'agit : celui du roi et des brahmanes, des ministres, celui du royaume et de chaque caste. La littérature considérable des *Nitiçastra* n'est pas économique.

Ce sont nos sociétés d'Occident qui ont, très récemment, fait de l'homme un « animal économique ». Mais nous ne sommes pas encore tous des êtres de ce genre. Dans nos masses et dans nos élites, la dépense pure et irrationnelle est de pratique courante ; elle est encore caractéristique des quelques fossiles de notre noblesse. L'homo oeconomicus n'est pas derrière nous, il est devant nous; comme l'homme de la morale et du devoir; comme l'homme de la science et de la raison. L'homme a été très longtemps autre chose ; et il n'y a pas bien longtemps qu'il est une machine, compliquée d'une machine à calculer.

D'ailleurs nous sommes encore heureusement éloigné de ce constant et glacial calcul utilitaire. Qu'on analyse de façon approfondie, statistique, comme M. Halbwachs l'a fait pour les classes ouvrières, ce qu'est notre consommation, notre dépense à nous, occidentaux des classes moyennes. Combien de besoins satisfaisons-nous ? et combien de tendances ne satisfaisons-nous pas qui n'ont pas pour but dernier l'utile ? L'homme riche, lui, combien affecte-il, combien peut-il affecter de son revenu à son utilité personnelle ? Ses dépenses de luxe, d'art, de folie, de serviteurs ne le font-elles pas ressembler aux nobles d'autrefois ou aux chefs barbares dont nous avons décrit les mœurs ?

Est-il bien qu'il en soit ainsi ? C'est une autre question. Il est bon peut-être qu'il y ait d'autres moyens de dépenser et d'échanger que la pure dépense. Cependant, à notre sens, ce n'est pas dans le calcul des besoins individuels qu'on trouvera la méthode de la meilleure économie. Nous devons, je le crois, même en tant que nous voulons développer notre propre richesse, rester autre chose que de purs financiers, tout en devenant de meilleurs comptables et de meilleurs gestionnaires. La poursuite brutale des fins de l'individu est nuisible aux fins et à la paix de l'ensemble, au rythme de son travail et de ses joies et - par l'effet en retour - à l'individu lui-même.

Déjà, nous venons de le voir, des sections importantes, des associations de nos entreprises capitalistes elles-mêmes, cherchent en groupes à s'attacher leurs employés en groupes. D'autre part, tous les groupements syndicalistes, ceux des patrons comme ceux des salariés, prétendent qu'ils défendent et représentent l'intérêt général avec autant de ferveur que l'intérêt particulier de leurs adhérents ou même de leurs corporations. Ces beaux discours sont, il est vrai, émaillés de bien des métaphores. Cependant, il faut le constater, non seulement la morale et la philosophie, mais même encore l'opinion et l'art économique lui-même, commencent à se hausser à ce niveau « social ». On sent qu'on ne peut plus bien faire travailler que des hommes sûrs d'être loyalement payés toute leur vie, du travail qu'ils ont loyalement exécuté, en même temps pour autrui que pour eux-mêmes. Le producteur échangiste sent de nouveau - il a toujours senti - mais cette fois, il sent de façon aiguë, qu'il échange plus qu'un produit ou qu'un temps de travail, qu'il donne quelque chose de soi ; son temps, sa vie, Il veut donc être récompensé, même avec modération, de ce don. Et lui refuser cette récompense c'est l'inciter à la paresse et au moindre rendement.

Peut-être pourrions-nous indiquer une conclusion à la fois sociologique et pratique. La fameuse Sourate LXIV, « déception mutuelle » (Jugement dernier), donnée à La Mecque, à Mahomet, dit de Dieu :

> 15. Vos richesses et vos enfants sont votre tentation pendant que Dieu tient en réserve une récompense magnifique.

> 16. Craignez Dieu de toutes vos forces; écoutez, obéissez, faites l'aumône (sadaqa) dans votre propre intérêt. Celui qui se tient en garde contre son avarice sera heureux.

17. Si vous faites à Dieu un prêt généreux, il vous paiera le double, il vous pardonnera car il est reconnaissant et plein de longanimité.

18. Il connaît les choses visibles et invisibles, il est le puissant et le sage.

Remplacez le nom d'Allah par celui de la société et celui du groupe professionnel ou additionnez les trois noms, si vous êtes religieux ; remplacez le concept d'aumône par celui de coopération, d'un travail, d'une prestation faite en vue d'autrui : vous aurez une assez bonne idée de l'art économique qui est en voie d'enfantement laborieux. On le voit déjà fonctionner dans certains groupements économiques, et dans les cœurs des masses qui ont, bien souvent, mieux que leurs dirigeants, le sens de leurs intérêts, de l'intérêt commun.

Peut-être, en étudiant ces côtés obscurs de la vie sociale, arrivera-t-on à éclairer un peu la route que doivent prendre nos nations, leur morale en même temps que leur économie.

III

CONCLUSION DE SOCIOLOGIE GÉNÉRALE ET DE MORALE

Qu'on nous permette encore une remarque de méthode à propos de celle que nous avons suivie.

Non pas que nous voulions proposer ce travail comme un modèle. Il est tout d'indications. Il est insuffisamment complet et l'analyse pourrait encore être poussée plus loin [1]. Au fond, ce sont plutôt des questions que nous posons aux historiens, aux ethnographes, ce sont des objets d'enquêtes que nous proposons plutôt que nous ne résolvons un problème et ne rendons une réponse définitive. Il nous suffit pour le moment d'être persuadé que, dans cette direction, on trouvera de nombreux faits.

Mais, s'il en est ainsi, c'est qu'il y a dans cette façon de traiter un problème un principe heuristique que nous voudrions dégager. Les faits que nous avons étudiés sont tous, qu'on nous permette l'expression, des faits sociaux totaux ou, si l'on veut - mais nous aimons moins le mot -généraux : c'est-à-dire qu'ils mettent en branle dans certains cas la totalité de la société et de ses institutions (potlatch, clans affrontés, tribus se visitant, etc.) et dans d'autres cas, seulement un très grand nombre d'institutions, en particulier lorsque ces échanges et ces contrats concernent plutôt des individus.

Tous ces phénomènes sont à la fois juridiques, économiques, religieux, et même esthétiques, morphologiques, etc. Ils sont juridiques, de droit privé et publie, de moralité organisée et diffuse, strictement obligatoires ou simplement loués et blâmés, politiques et domestiques en même temps, intéressant les classes sociales aussi bien que les clans et les familles. Ils sont religieux : de religion stricte et de magie et d'animisme et de mentalité religieuse diffuse. Ils sont économiques : car l'idée de la valeur, de l'utile, de l'intérêt, du luxe, de

---

[1]   L'aire sur laquelle nos recherches eussent dû porter le plus avec celles que nous avons étudiées, est la Micronésie. Il y existe un système de monnaie et de contrats extrêmement important, surtout à Yap et aux Palaos. En Indochine, surtout parmi les Mon-Khmer, en Assam et chez les Thibéto-Birmans, il y a aussi des institutions de ce genre. Enfin les Berbères ont développé les remarquables usages de la [haoussa (V. WESTERMARCK, Marriage Ceremonies in Morocco. V. ind. s. v. Present). MM. Doutté et Maunier, plus compétents que nous, se sont réservé l'étude de ce fait. Le vieux droit sémitique comme la coutume bédouine donneront aussi de précieux documents.

la richesse, de l'acquisition de l'accumulation, et d'autre part, celle de la consommation, même celle de la dépense pure, purement somptuaire, y sont partout présentes, bien qu'elles y soient entendues autrement qu'aujourd'hui chez nous. D'autre part, ces institutions ont un côté esthétique important dont nous avons fait délibérément abstraction dans cette étude : mais les danses qu'on exécute alternativement, les chants et les parades de toutes sortes, les représentations dramatiques qu'on se donne de camp à camp et d'associé à associé ; les objets de toutes sortes qu'on fabrique, use, orne, polit, recueille et transmet avec amour, tout ce qu'on reçoit avec joie et présente avec succès, les festins eux-mêmes auxquels tous participent ; tout, nourriture, objets et services, même le « respect », comme disent les Tlingit, tout est cause d'émotion esthétique et non pas seulement d'émotions de l'ordre du moral ou de l'intérêt [1]. Ceci est vrai non seulement de la Mélanésie, mais encore plus particulièrement de ce système qu'est le potlatch du Nord-Ouest américain, encore plus vrai de la fête-marché du monde indo-européen [2]. Enfin, ce sont clairement des phénomènes morphologiques. Tout s'y passe au cours d'assemblées, de foires et de marchés, ou tout au moins de fêtes qui en tiennent lieu. Toutes celles-ci supposent des congrégations dont la permanence peut excéder une saison de concentration sociale, comme les potlatch d'hiver des Kwakiutl, ou des semaines, comme les expéditions maritimes des Mélanésiens. D'autre part, il faut qu'il y ait des routes, des pistes tout au moins, des mers ou des lacs où on puisse se transporter en paix. Il faut les alliances tribales et intertribales ou internationales, le commercium et le *connubium* [3].

Ce sont donc plus que des thèmes, plus que des éléments d'institutions, plus que des institutions complexes, plus même que des systèmes d'institutions divisés par exemple en religion, droit, économie, etc. Ce sont des « touts », des systèmes sociaux entiers dont nous avons essayé de décrire le fonctionnement. Nous avons vu des sociétés à l'état dynamique ou physiologique. Nous ne les avons pas étudiées comme si elles étaient figées, dans un état statique ou plutôt cadavérique, et encore moins les avons-nous décomposées et disséquées en règles de droit, en mythes, en valeurs et en prix. C'est en considérant le tout ensemble que nous avons pu percevoir l'essentiel, le mouvement du tout, l'aspect vivant, l'instant fugitif où la société prend, où les hommes prennent conscience sentimentale d'eux-mêmes et de leur situation vis-à-vis d'autrui. Il y a, dans cette observation concrète de la vie sociale, le moyen de trouver des faits nouveaux que nous commençons seulement à entrevoir. Rien à notre avis n'est plus urgent ni fructueux que cette étude des faits sociaux.

Elle a un double avantage. D'abord un avantage de généralité, car ces faits de fonctionnement général ont des chances d'être plus universels que les diverses institutions ou que les divers thèmes de ces institutions, toujours plus ou moins accidentellement teintés d'une

---

[1]   V. le « rituel de Beauté » dans le « Kula » des Trobriand, MALINOWSKI, p. 334 et suivantes, 336, « notre partenaire nous voit, voit que notre figure est belle, il nous jette ses vaygu'a ». Cf. THURNWALD sur l'usage de l'argent comme ornement, Forschungen, Ill, p. 39; cf. l'expression Prachtbaum, tome III, p. 144, v. 6, v. 13; 156, v. 12; pour désigner un homme ou une femme décorés de monnaie. Ailleurs le chef est désigné comme l' « arbre », I, p. 298, v. 3. Ailleurs l'homme décoré dégage un parfum, I, p. 192, v. 7; v. 13, 14.

[2]   Marchés aux fiancées; notion de fête, feria foire.

[3]   Cf. THURNWALD, ibid., III, p. 36.

couleur locale. Mais surtout, elle a un avantage de réalité. On arrive ainsi à voir les choses sociales elles-mêmes, dans le concret, comme elles sont. Dans les sociétés, on saisit plus que des idées ou des règles, on saisit des hommes, des groupes et leurs comportements. On les voit se mouvoir comme en mécanique on voit des masses et des systèmes, ou comme dans la mer nous voyons des pieuvres et des anémones. Nous apercevons des nombres d'hommes, des forces mobiles, et qui flottent dans leur milieu et dans leurs sentiments.

Les historiens sentent et objectent à juste titre que les sociologues font trop d'abstractions et séparent trop les divers éléments des sociétés les uns des autres. Il faut faire comme eux : observer ce qui est donné. Or, le donné, c'est Rome, c'est Athènes, c'est le Français moyen, c'est le Mélanésien de telle ou telle île, et non pas la prière ou le droit en soi. Après avoir forcément un peu trop divisé et abstrait, il faut que les sociologues s'efforcent de recomposer le tout. Ils trouveront ainsi de fécondes données. - Ils trouveront aussi le moyen de satisfaire les psychologues. Ceux-ci sentent vivement leur privilège, et surtout les psycho-pathologistes ont la certitude d'étudier du concret. Tous étudient ou devraient observer le comportement d'êtres totaux et non divisés en facultés. Il faut les imiter. L'étude du concret, qui est du complet, est possible et plus captivante et plus explicative encore en sociologie. Nous, nous observons des réactions complètes et complexes de quantités numériquement définies d'hommes, d'êtres complets et complexes. Nous aussi, nous décrivons ce qu'ils sont dans leurs organismes et leurs *psychai,* en même temps que nous décrivons ce comportement de cette masse et les psychoses qui y correspondent : sentiments, idées, volitions de la foule ou des sociétés organisées et de leurs sous-groupes. Nous aussi, nous voyons des corps et les réactions de ces corps, dont idées et sentiments sont d'ordinaire les interprétations et, plus rarement, les motifs. Le principe et la fin de la sociologie, c'est d'apercevoir le groupe entier et son comportement tout entier.

Nous n'avons pas eu le temps - ç'aurait été indûment étendre un sujet restreint - d'essayer d'apercevoir dès maintenant le tréfonds morphologique de tous les faits que nous avons indiqués. Il est peut-être cependant utile d'indiquer, au moins à titre d'exemple de la méthode que nous voudrions suivre, dans quelle voie nous poursuivrions cette recherche.

Toutes les sociétés que nous avons décrites ci-dessus, sauf nos sociétés européennes, sont des sociétés segmentées. Même les sociétés indo-européennes, la romaine d'avant les *Douze Tables,* les sociétés germaniques encore très tard, jusqu'à la rédaction de *l'Edda,* la société irlandaise jusqu'à la rédaction de sa principale littérature étaient encore à base de clans et tout au moins de grandes familles plus ou moins indivises à l'intérieur et plus ou moins isolées les unes des autres à l'extérieur. Toutes ces sociétés sont, ou étaient, loin de notre unification et de l'unité qu'une histoire insuffisante leur prête. D'autre part, à l'intérieur de ces groupes, les individus, même fortement marqués, étaient moins tristes, moins sérieux, moins avares et moins personnels que nous ne sommes ; extérieurement tout au moins, ils étaient ou sont plus généreux, plus donnants que nous. Lorsque, lors des fêtes tribales, des cérémonies des clans affrontés et des familles qui s'allient ou s'initient réciproquement, les groupes se rendent visite ; même lorsque, dans des sociétés plus avancées - quand la loi « d'hospitalité » s'est développée - la loi des amitiés et des contrats avec les dieux, est venue assurer la « paix » des « marchés » et des villes ; pendant tout un temps considérable et dans un nombre considérable de sociétés, les hommes se sont abordés dans un curieux état d'esprit, de crainte et d'hostilité exagérées et de générosité également exagérée, mais qui ne sont folles qu'à nos yeux. Dans toutes les sociétés qui nous ont précédés immédiatement et encore nous entourent, et même dans de nombreux usages de notre moralité populaire, il n'y a pas de milieu : se confier entièrement ou se défier entièrement déposer ses armes et renoncer à sa magie, ou donner tout depuis l'hospitalité fugace jusqu'aux filles et aux biens. C'est dans des états de ce genre que les hommes ont renoncé, à leur quant-à-soi et ont su s'engager à donner et à rendre.

C'est qu'ils n'avaient pas le choix. Deux groupes d'hommes qui se rencontrent ne peuvent que : ou s'écarter - et, s'ils se marquent une méfiance ou se lancent un défi, se battre - ou bien traiter. Jusqu'à des droits très proches de nous, jusqu'à des économies pas très éloignées de la nôtre, ce sont toujours des étrangers avec lesquels on « traite », même quand on est allié. Les gens de Kiriwina dans les Trobriand dirent à M. Malinowski [1] : « Les hommes de Dobu ne sont pas bons comme nous ; ils sont cruels, ils sont cannibales ; quand nous arrivons à Dobu, nous les craignons. Ils pourraient nous tuer. Mais voilà, je crache de la racine de gingembre, et leur esprit change. Ils déposent leurs lances et nous reçoivent bien. » Rien ne traduit mieux cette instabilité entre la fête et la guerre.

Un des meilleurs ethnographes, M. Thurnwald, nous décrit, à propos d'une autre tribu de Mélanésie, dans une statistique généalogique [2], un événement précis qui montre également bien comment ces gens passent, en groupe et d'un coup, de la fête à la bataille. Buleau, un chef, avait invité Bobal, un autre chef et ses gens à un festin, probablement le premier d'une longue série. On commença à répéter les danses, pendant toute une nuit. Au matin, tous étaient excités par la nuit de veille, de danses et de chants. Sur une simple observation de Buleau, un des hommes de Bobal le tua. Et la troupe massacra, pilla et enleva les femmes du village. « Buleau et Bobal étaient plutôt amis et seulement rivaux », a-t-on dit à M. Thurnwald. Nous avons tous observé de ces faits, même encore autour de nous.

C'est en opposant la raison et le sentiment, c'est en posant la volonté de paix contre de brusques folies de ce genre que les peuples réussissent à substituer l'alliance, le don et le commerce à la guerre et à l'isolement et à la stagnation.

Voilà donc ce que l'on trouverait au bout de ces recherches. Les sociétés ont progressé dans la mesure où elles-mêmes, leurs sous-groupes et enfin leurs individus, ont su stabiliser leurs rapports, donner, recevoir, et enfin, rendre. Pour commercer, il fallut d'abord savoir poser les lances. C'est alors qu'on a réussi à échanger les biens et les personnes, non plus seulement de clans à clans, mais de tribus à tribus et de nations à nations et - surtout - d'individus à individus. C'est seulement ensuite que les gens ont su se créer, se satisfaire mutuellement des intérêts, et enfin, les défendre sans avoir à recourir aux armes. C'est ainsi que le clan, la tribu, les peuples ont su - et c'est ainsi que demain, dans notre monde dit civilisé, les classes et les nations et aussi les individus, doivent savoir - s'opposer sans se

---

[1]   Argonauts, p. 246.
[2]   Salomo Inseln, tome III, table 85, note 2.

massacrer et se donner sans se sacrifier les uns aux autres. C'est là un des secrets permanents de leur sagesse et de leur solidarité.

Il n'y a pas d'autre morale, ni d'autre économie, ni d'autres pratiques sociales que celles-là. Les Bretons, les *Chroniques d'Arthur,* racontent [1] comment le roi Arthur, avec l'aide d'un charpentier de Cornouailles inventa cette merveille de sa cour : la « Table Ronde » miraculeuse autour de laquelle les chevaliers ne se battirent plus. Auparavant, « par sordide envie », dans des échauffourées stupides, des duels et des meurtres ensanglantaient les plus beaux festins. Le charpentier dit à Arthur : « Je te ferai une table très belle, où ils pourront s'asseoir seize cents et plus, et tourner autour, et dont personne ne sera exclu... Aucun chevalier ne pourra livrer combat, car là, le haut placé sera sur le même pied que le bas placé. » Il n'y eut plus de « haut bout » et partant, plus de querelles. Partout où Arthur transporta sa Table, joyeuse et invincible resta sa noble compagnie. C'est ainsi qu'aujourd'hui encore se font les nations, fortes et riches, heureuses et bonnes. Les peuples, les classes, les familles, les individus, pourront s'enrichir, ils ne seront heureux que quand ils sauront s'asseoir, tels des chevaliers, autour de la richesse commune. Il est inutile d'aller chercher bien loin quel est le bien et le bonheur. Il est là, dans la paix imposée, dans le travail bien rythmé, en commun et solitaire alternativement, dans la richesse amassée puis redistribuée dans le respect mutuel et la générosité réciproque que l'éducation enseigne.

On voit comment on peut étudier, dans certains cas, le comportement humain total, la vie sociale tout entière ; et on voit aussi comment cette étude concrète peut mener non seulement à une science des mœurs, à une science sociale partielle, mais même à des conclusions de morale, ou plutôt - pour reprendre le vieux mot - de « civilité », de « civisme », comme on dit maintenant. Des études de ce genre permettent en effet d'entrevoir, de mesurer, de balancer les divers mobiles esthétiques, moraux, religieux, économiques, les divers facteurs matériels et démographiques dont l'ensemble fonde la société et constitue la vie en commun, et dont la direction consciente est l'art suprême, la *Politique,* au sens socratique du mot.

---

[1]   Layamon's Brut, vers 22736 sq.; Brut, vers 9994 sq.